A ARTE DA ESTRATÉGIA

Pense grande, comece pequeno e cresça rápido!

A ARTE DA ESTRATÉGIA

Pense grande, comece pequeno e cresça rápido!

7ª edição

Carlos Alberto Júlio

ELSEVIER

CAMPUS

Edição de textos: AF Comunicações
Editoração Eletrônica: Join Bureau
Revisão: Hebe Ester Lucas
Capa e Projeto gráfico: Mare Magnum Artes Gráficas
Imagem da capa: Stock Photos

Elsevier Editora Ltda.
A Qualidade da Informação
Rua Sete de Setembro, 111 – 16º andar
20050-006 – Rio de Janeiro – RJ – Brasil
Telefone: (21) 3970-9300 – FAX: (21) 2507-1991
E-mail: *info@elsevier.com.br*
Escritório São Paulo:
Rua Quintana, 753 – 8º andar
04569-011 – Brooklin – São Paulo – SP
Telefone: (11) 5051-8555

Inclui bibliografia e filmografia
ISBN 13: 978-85-758-9030-1
ISBN 10: 85-352-9030-1

CIP-Brasil. Catalogação-Na-Fonte
Sindicato Nacional dos Editores de Livros, RJ.

J91m
Júlio, Carlos Alberto
A arte da estratégia : pense grande, comece pequeno e cresça rápido / Carlos Alberto Júlio. – Rio de Janeiro: Elsevier, 2005.
7ª reimpressão.

Inclui bibliografia e filmografia
ISBN 85-352-9030-1

1. Planejamento estratégico. 2. Capacidade executiva. 3. Profissões – Desenvolvimento. 4. Sucesso nos negócios. I. Título.

05-1595 CDD 658.4012
CDU 58.012.2

Aos meus amigos José Salibi Neto, Eduardo Bruchou e Nelson Duboscq, com quem tenho aprendido que o futuro é aquele que nos propomos a alcançar.

Agradecer é a arte de retribuir as graças recebidas.

Graças que tenho recebido num nível maior que o do meu merecimento.

Agradeço e dou graças à Adriana e ao Fernando, da AF Comunicações, e ao Marco, da MareMagnum, por estarem comigo em mais um projeto. E agradeço e dou graças a Ana Emília e Cristina, da Campus/Elsevier, que estão me ajudando a implementar a estratégia da série PIQUE.

Agradeço e dou graças ao querido Ozires Silva pelo carinho do prefácio e ao amigo Constantino Junior pelo endosso a este trabalho.

Agradeço e dou graças à minha equipe na HSM pela paciência.

Agradeço e dou graças a Deus por mais uma missão cumprida.

Sumário

Apresentação

Simples e profundo. Estes foram os adjetivos que Carlos Alberto Júlio escolheu, certa vez, ao nos contar sobre Peter Drucker e a conversa que tiveram num jantar na casa deste. Pedindo licença a Drucker – sem dúvida, o maior entre os grandes pensadores do management –, tomamos emprestados os mesmos adjetivos para nos referir ao trabalho de Júlio.

Os livros desta série são concebidos mais ou menos como um curso intensivo, uma vez que Júlio é professor de administração de empresas e palestrante há muitos anos. Bebe em variadas fontes do conhecimento, da Psicologia à História, da Filosofia ao Cinema, já que o autor prega e possui, ele mesmo, uma formação multidisciplinar. E, de certa forma, recorre ao método socrático de aprendizado ao organizar o conteúdo em perguntas e respostas, além de utilizar muitas histórias e fábulas curiosas, bem-humoradas, sempre repletas de lições.

Mas, se faz a pergunta retórica como professor, Júlio dá a resposta como executivo, graças à experiência acumulada em longa e diversificada carreira, que inclui a presidência da Polaroid do Brasil e, atualmente, o comando do Grupo HSM no País. Assim, o livro é fundamentalmente orientado para a prática e vale por um treinamento empresarial intensivo.

As páginas a seguir se dividem em dez capítulos-aula – o formato inovador faz por merecer o neologismo –, que abordam da teoria essencial a valiosas ferramentas de gestão. Ao longo delas você acessa:

- a teoria geral sobre estratégia de negócios

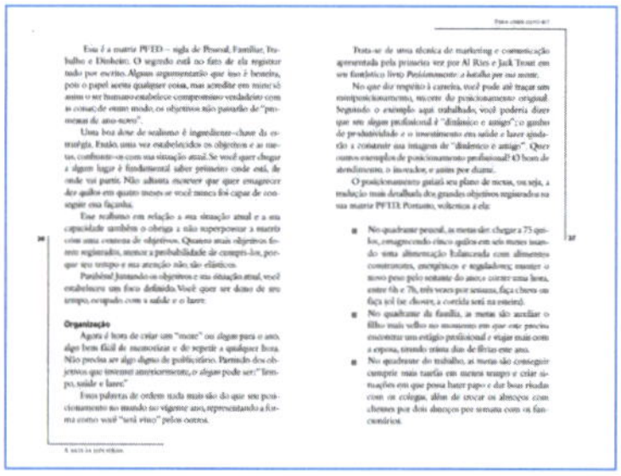

- as dez regras de ouro para desenvolver uma estratégia

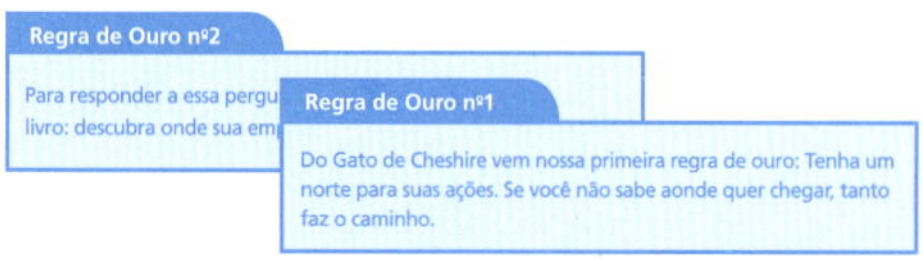

- o convite a uma reflexão sobre sua postura atual

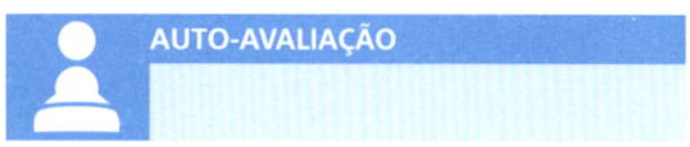

- experiências práticas que comprovam as regras de ouro

recomendações para que você possa executar os conceitos aprendidos (o "fazejamento", como diz o autor)

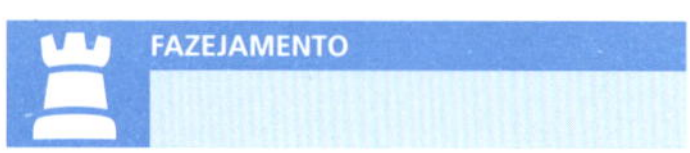

- ferramentas de gestão de alta eficácia

Utilizamos a palavra "acessar" propositalmente. Quisemos, com isso, convidá-lo a ler este livro tanto da maneira convencional quanto como se estivesse navegando na Internet. Esta é uma das formas mais eficientes de incorporar um conteúdo.

Prefácio

Em seu livro *A riqueza e a pobreza das nações*, David S. Landes, professor emérito da Universidade Harvard, nos Estados Unidos, diz que o mundo está dividido em três espécies de nações: aquelas em que as pessoas gastam rios de dinheiro para não aumentar de peso, aquelas em que as pessoas comem para viver e aquelas em que as pessoas não sabem de onde virá a próxima refeição. Isso se aplica a nós mesmos, às nossas empresas e ao nosso país.

Nesse mesmo trabalho, o professor Landes lança uma instigante pergunta: "Por que algumas nações são tão ricas e outras tão pobres?". As respostas são inúmeras, mas a maioria passa por palavras-chave como inovação, criatividade, eficiência e outras semelhantes.

Contudo, embora fique claro que cada um desses conceitos tem sua importância específica, nada acontece se não estiver presente a estratégia de que Carlos Alberto Júlio fala neste livro e que ele traduz também em nível pessoal: "Eu estava determinado a ter sucesso um dia".

Nada substitui a estratégia. Porém, não é fácil elaborá-la e executá-la. Daí a importância de que seja direta e simples, colimada em função do ambiente no qual se vive e das condições que se pode somar para que os sonhos se realizem.

O avião é certamente uma máquina extraordinária, carregada de sistemas, componentes e equipamentos. Em geral, são necessários muitos anos para especificar, projetar, desenvolver, testar, homologar, produzir e, finalmente, vender um novo modelo.

Assim, se hoje desejarmos criar uma nova aeronave, temos de criar uma estratégia para pelo menos dez anos à frente, analisando que tipo de máquina estará no mercado nesse futuro longínquo. E mais: precisamos analisar quais serão as vantagens comparativas ou competitivas que podemos incorporar no nosso projeto agora para que seja um vencedor quando chegar ao mercado.

Pense nisso. Se a estratégia é difícil para um produto, imagine para toda uma empresa. Você, que está iniciando a leitura deste livro, pode perguntar como será seu negócio daqui a dez ou quinze anos. Inicialmente pode ser um exercício difícil, mas não impossível de ser realizado. Aqueles que encontraram o caminho do sucesso de um modo ou de outro fizeram isso.

Leia o trabalho do Carlos Alberto Júlio e encontre o seu caminho. E finalmente... encontre o seu sucesso!!!

Ozires Silva

Introdução

Eu era aluno de eletrônica do colegial técnico do Instituto Tecnológico de Osasco (ITO). Assistia às aulas de manhã e trabalhava à tarde para custear meus estudos, diferentemente da maioria dos meus amigos, como o Roseto, o Takao, o Wagner e a Puppy. Eles, filhos de classe média, assistiam às aulas de manhã e aproveitavam sua "superadolescência" no restante do tempo, com festas, viagens...

Em minha vida tampouco faltava agitação. Todos os dias, às 5h30, eu saía do bairro do Jabaquara, na zona sul de São Paulo, e pegava três ônibus diferentes para chegar a Osasco, no limite oeste. Estudava das 7h ao meio-dia e, às 2h da tarde, já estava atrás do balcão do Foto Kodama, onde trabalhava até 6h ou 7h da noite. Nas noites de segunda, quarta e sexta-feira, cursava inglês; na terça e na quinta, fotografia. Voltava para casa em torno da meia-noite, no mínimo.

Um sacrifício e tanto. Mas por trás de tudo isso havia um plano de futuro. Sendo o pobre da turma, o que me valia o irônico apelido de "Milionário", eu formara uma idéia muito clara do que queria: uma "supervida adulta", uma condição que me permitisse dar a minha futura família e a mim mesmo aquilo que perdera na adolescência.

Eu tinha 13 anos de idade quando fui aprovado no "vestibulinho" do ITO. Lembro de meu pai chorando, me dizendo desapontado – e me desapontando – que não teria condições de arcar com aquela despesa. Resolvi trabalhar e investir tudo o que ganhasse na minha formação. Normalmente garotos que trabalhavam largavam os estudos, mas isso não aconteceria comigo. Eu estava determinado a ter sucesso um dia.

Claro que não chamei a isso de "estratégia", nem sabia ao certo o que significava essa palavra. Mas estabeleci objetivos claros para o meu futuro com base na situação da época e jamais abandonei o caminho. Isso é uma estratégia – e das boas, pois reúne foco e disciplina, planejamento e execução.

Deu certo. Aos 18 anos, era universitário e dono de uma agência de automóveis. Aos 20, diretor de uma *trading company*. Depois fui estudar comércio exterior para fazer carreira na área internacional. Quando completei 23 anos, presidia outra *trading*. E, aos 32, assumi minha primeira presidência de uma empresa multinacional. Essa história real constitui a prova de que uma boa estratégia dá resultado, acelera nossos passos e é a verdadeira receita do bolo.

Sempre que ouvia a palavra "estratégia", eu, particularmente, a associava a generais e batalhas. O termo vem dos militares mesmo; mas quem disse que estratégia é algo obrigatoriamente sofisticado, feito apenas para generais? Ou que só serve a grandes empresas e seus executivos seniores? Nada disso. Estratégia é o caminho mais rápido para alcançar seus objetivos. Ponto. Algo extremamente simples que nos atende a todos. Ponto. Como diria Tom Peters: "Mantenha a simplicidade".

Quer algo mais simples, por exemplo, do que bater uma foto? Até uma criança o faz bem feito quando a luz é boa. No entanto, se o local estiver meio escuro, como metaforicamente está o mercado dos dias atuais, é preciso aumentar o tempo de exposição do filme (estou falando da tecnologia analógica, naturalmente). E o que se recomenda para garantir que a foto não saia tremida nessas circunstâncias? Apoiar a câmera em um tripé. Pois bem. Você aprenderá neste livro que a estratégia deve ser simples, sim, mas, na escuridão do ambiente de negócios, tem de contar com a garantia de não apenas um, mas três tripés. O primeiro é *foco–organização–disciplina*, como desenvolvido no Capítulo 2, a partir do âmbito pessoal, e enfatizado no Capítulo 6, onde disciplina recebe o nome de "controle". O segundo é *estratégia–operação–pessoas*, como elaborado nos Capítulos 4, 5 e 10 respectivamente. E o terceiro é formado pelas palavras de ordem *pense grande–comece pequeno–cresça rápido*, bem apresentadas no Capítulo 7.

Não estou aqui, de maneira alguma, reduzindo a complexidade da estratégia onde ela é assim exigida. Os conceitos de Porter, Prahalad, Hammel e Kotler, entre outros, são combustível valioso para a definição da metodologia estratégica que melhor se adapte a uma organização (*leia o Capítulo 7*). Mas, com permissão da academia, quero dizer que é possível planejar, executar e ter sucesso também com fórmulas mais simples e aplicáveis a qualquer organização, desde uma padaria, um *pet shop*, um departamento, até aquela grande empresa multinacional.

Acredite: pior que uma estratégia rasa é não ter estratégia. Pior que uma estratégia simplificada é não parar para pensar o negócio e discutir seu futuro, sua concorrência, suas possibilidades de novos produtos, clientes e mercados. Pior que uma estratégia que não seja a mais defensável tecnicamente é navegar sem bússola. Afinal, um avião que voa 10 minutos no sentido contrário ao de sua rota está 20 minutos mais longe do destino desejado, não é mesmo?

1

Para onde devo ir?

Tenha um norte para suas ações:

- a estratégia pessoal e o hábito
- a importância de aliar planejamento e execução
- o vocabulário da estratégia
- a relação entre estratégia e marketing

Quando criança, ou mesmo depois de adulto, você já deve ter lido ou entrado em contato com a história de *Alice no País das Maravilhas*, escrita originalmente pelo inglês Lewis Carroll e mais tarde difundida mundo afora. Talvez até se lembre da passagem em que a menina Alice, ansiosa por escapar dos domínios da Duquesa, conversa com o Gato de Cheshire.

"O senhor poderia me dizer, por favor, qual o caminho que devo tomar para sair daqui?", pergunta Alice.

"Isso depende muito de aonde você quer ir", responde o Gato, sentado sobre o galho de uma árvore, com seu enigmático sorriso de orelha a orelha.

"Não me importa muito para onde...", diz Alice.

E o Gato sentencia: "Então, não importa o caminho que você escolher".

Alice ainda comenta: "Contanto que dê em algum lugar, parece bom".

"Você pode ter certeza de que vai chegar a algum lugar se caminhar bastante", garante o Gato.

A essa altura, você deve estar se perguntando qual a relação de uma história infantil um tanto "maluquinha" com o tema deste livro, "estratégia" – um assunto da maior profundidade, complexidade e importância.

Pois saiba que a estratégia é muito mais simples do que dizem por aí. Tão simples que sua filosofia é encontrada, por exemplo, em *Alice no País das Maravilhas*. Não sou apenas eu que cito esse texto; outros cursos especializados no tema recorrem à mesma abordagem.

Estratégia depende basicamente de saber escolher aonde se quer ir. Alguém já disse que a vida é a arte das escolhas. E como é possível fazer as escolhas certas se muitas vezes não sabemos o que queremos para nós mesmos?

Em seu livro *O alquimista*, Paulo Coelho escreve: "Quando você quer uma coisa, o universo inteiro conspira a seu favor". Isso indica que, quando sabemos o que queremos, podemos traçar um caminho para chegar lá. Logo, para fazer as escolhas certas, para tomar decisões importantes na vida pessoal ou profissional, para traçar um caminho rumo à conquista de nossos desejos, é fundamental saber aonde queremos chegar. Simples assim.

Regra de Ouro nº 1

Do Gato de Cheshire vem nossa primeira regra de ouro: Tenha um norte para suas ações. Se você não sabe aonde quer chegar, tanto faz o caminho.

Deixando as metáforas de lado, o que é esse norte no caso de sua empresa? Em síntese, é um retrato dela no futuro. Mas isso é mesmo necessário? E quando a empresa já é muito rentável, com uma operação muito afinada, sabendo produzir e entregar com eficiência? Não basta continuar fazendo o que faz hoje? Não! Ahn?

No fundo, muitas pessoas estranham isso, porque o Brasil, com sua tradição de "país da inflação", não desenvolveu o hábito de pensar no futuro. Mas o fato é que toda empresa precisa pensar no futuro para nortear o presente. Independentemente de como está hoje. Operação não basta, mesmo que seja uma operação bem-sucedida.

O tripé que cria a verdadeira magia dos negócios é formado por "objetivos, estratégia e operação". Duvida? Eu garanto que, à medida que for lendo este livro, você vai concordar comigo. Toda empresa deve escolher o caminho que a leve a alcançar os objetivos desejados, partindo de uma realidade conhecida e estudada. Ou seja, toda empresa deve ter estratégia.

Comece por você mesmo

Quando o assunto é estratégia, o que vale no âmbito dos negócios vale para as pessoas individualmente. No futuro, o que você quer para si mesmo, para sua família, para sua carreira?

Afinal, todo mundo tem desejos e necessidades. Mas pode acontecer de a pessoa não se dar conta deles. Sem essa consciência, a direção tomada não faz a menor diferença – e, pior, talvez seja a direção errada. Mais do que isso, devemos criar um compromisso claro com tais objetivos.

AUTO-AVALIAÇÃO

- Você costuma fazer planos pessoais a cada novo ano?
- Você tem a devida paciência para transcrevê-los no papel?
- Quantos deles você já conseguiu cumprir? Por quê?
- Em seu negócio, você possui objetivos claros para o próximo ano e para daqui a dois ou cinco anos?

Como fazer essas duas coisas? Cada um pode encontrar seu método. Fique à vontade para utilizar um exercício que há muito tempo emprego para mim mesmo.

Foco

A cada ano que se inicia, desenho uma matriz na qual escrevo meus objetivos e metas para aquele período. É mais ou menos como fazer as velhas e boas promessas de ano-novo, porém de uma forma mais estruturada e comprometida, com uma disciplina de quem está realmente inclinado a viabilizá-las. Comigo isso tem funcionado muito bem.

Num caderno exclusivo para esse fim ou, melhor ainda, na agenda que você consultará o ano inteiro, risque duas linhas retas, uma horizontal e outra vertical, de forma a obter quatro quadrantes: o Pessoal, o Familiar, o do Trabalho e o do Dinheiro (*veja a seguir*). Em cada um deles, escreva os objetivos correspondentes.

Apresento alguns exemplos práticos:

- No quadrante pessoal, o objetivo é ficar em forma e chegar a 75 quilos até o fim deste ano.
- No quadrante da família, o objetivo é estar mais presente para os filhos e a esposa.
- No quadrante do trabalho, os objetivos são aumentar a produtividade e melhorar o clima no ambiente de trabalho.
- No quadrante do dinheiro, o objetivo é conseguir recursos extras para poder viajar com a esposa sem comprometer o restante dos gastos, fazendo pelo menos uma viagem internacional a cada dois anos.

Pessoal	Familiar
Trabalho	Dinheiro

Essa é a matriz PFTD – sigla de Pessoal, Familiar, Trabalho e Dinheiro. O segredo está no fato de ela registrar tudo por escrito. Alguns argumentarão que isso é besteira, pois o papel aceita qualquer coisa, mas acredite em mim: só assim o ser humano estabelece compromisso verdadeiro com as coisas; de outro modo, os objetivos não passarão de "promessas de ano-novo".

Uma boa dose de realismo é ingrediente-chave da estratégia. Então, uma vez estabelecidos os objetivos e as metas, confronte-os com sua situação atual. Se você quer chegar a algum lugar é fundamental saber primeiro onde está, de onde vai partir. Não adianta escrever que quer emagrecer dez quilos em quatro meses se você nunca foi capaz de conseguir essa façanha.

Esse realismo em relação a sua situação atual e a sua capacidade também o obriga a não superpovoar a matriz com uma centena de objetivos. Quanto mais objetivos forem registrados, menor a probabilidade de cumpri-los, porque seu tempo e sua atenção não são elásticos.

Parabéns! Juntando os objetivos e sua situação atual, você estabeleceu um foco definido. Você quer ser dono de seu tempo, ocupado com a saúde e o lazer.

Organização

Agora é hora de criar um "mote" ou *slogan* para o ano, algo bem fácil de memorizar e de repetir a qualquer hora. Não precisa ser algo digno de publicitário. Partindo dos objetivos que inventei anteriormente, o *slogan* pode ser: "Tempo, saúde e lazer."

Essas palavras de ordem nada mais são do que seu posicionamento no mundo no vigente ano, representando a forma como você "será visto" pelos outros.

Trata-se de uma técnica de marketing e comunicação apresentada pela primeira vez por Al Ries e Jack Trout em seu fantástico livro *Posicionamento: a batalha por sua mente.*

No que diz respeito à carreira, você pode até traçar um miniposicionamento, recorte do posicionamento original. Seguindo o exemplo aqui trabalhado, você poderia dizer que seu *slogan* profissional é "dinâmico e amigo"; o ganho de produtividade e o investimento em saúde e lazer ajudarão a construir sua imagem de "dinâmico e amigo". Quer outros exemplos de posicionamento profissional? O bom de atendimento, o inovador, e assim por diante.

O posicionamento guiará seu plano de metas, ou seja, a tradução mais detalhada dos grandes objetivos registrados na sua matriz PFTD. Portanto, voltemos a ela:

- No quadrante pessoal, as metas são: chegar a 75 quilos, emagrecendo cinco quilos em seis meses usando uma alimentação balanceada com alimentos construtores, energéticos e reguladores; manter o novo peso pelo restante do ano; e correr uma hora, entre 6h e 7h, três vezes por semana, faça chuva ou faça sol (se chover, a corrida será na esteira).
- No quadrante da família, as metas são auxiliar o filho mais velho no momento em que este precisa encontrar um estágio profissional e viajar mais com a esposa, tirando trinta dias de férias este ano.
- No quadrante do trabalho, as metas são conseguir cumprir mais tarefas em menos tempo e criar situações em que possa bater papo e dar boas risadas com os colegas, além de trocar os almoços com clientes por dois almoços por semana com os funcionários.

- No quadrante do dinheiro, a meta é poupar pelo menos R$10 mil e isso pode ser feito por meio de alguns trabalhos *freelances*.

Além disso, você precisa determinar prioridades. Se chegar um momento em que o objetivo descrito em um quadrante inviabilizar potencialmente o objetivo de um segundo quadrante, priorize um deles e corte o outro. Por exemplo, se correr por uma hora for aumentar demais meu apetite, posso mudar para caminhadas aceleradas.

Pronto! Você já tem uma organização a seguir.

Disciplina

Agora vem a terceira parte, essencial para qualquer estratégia: disciplina. Você deve confrontar as metas anotadas com o que é realizado semana a semana, mês a mês, ou bimestre a bimestre – de acordo com suas possibilidades. Assim, será capaz de monitorar os obstáculos existentes, os desvios impostos e os progressos feitos ao longo do tempo.

Ao controlar a execução do planejamento, podemos mais facilmente encontrar formas de transpor barreiras e descobrir atalhos que compensem os eventuais desvios. Não é preciso desistir do objetivo se alguma coisa dá errado. Basta redesenhar a rota para alcançá-lo.

Voltando ao nosso exemplo: se o clima na empresa não está melhorando nada, você pode tomar medidas "radicais", como fazer um churrasco em casa no domingão e convidar todos os colegas.

Se seguiu todos os passos recomendados aqui, muito bem! Você elaborou, executou e controlou sua estratégia pessoal; percorreu o processo do começo ao fim. Arrisco-me a dizer que o sucesso é inevitável.

A TEORIA, NA PRÁTICA, FUNCIONA

A estratégia deve se dar em todos os planos em que você atua. Eu, por exemplo, trabalho em três planos: o Júlio pessoa (pai, marido, parente e amigo); o Júlio professor e palestrante; e o Júlio executivo da HSM. Para cada um desses papéis tenho objetivos e metas a cumprir, tudo documentado e avaliado ao longo do ano.

Além disso, você aprendeu quatro lições essenciais para trabalhar com estratégia nos negócios:

- Estratégia se faz com planejamento e execução.
- É crucial investir tempo e recursos financeiros em estratégia.
- Deve-se criar o hábito de pensar em estratégia. Se você faz isso na vida pessoal, já é um excelente treino para conseguir fazer o mesmo em sua empresa.
- Foco, disciplina e diferenciação são a chave para chegar mais rápido aos objetivos desejados.

O vocabulário da estratégia

Como você perceberá neste capítulo e ao longo de todo o livro, os princípios da estratégia pessoal e da estratégia empresarial são os mesmos, só muda a terminologia utilizada. Em vez de "foco", preferimos "objetivos", ou "ponto B partindo do ponto A". Em vez de "organização", os "Ps estratégicos". Em vez de "disciplina", "Ps operacionais" e "controle".

Eu também mencionei o tripé "objetivos, estratégia e operação", não? São termos muito usados no mundo dos negócios de maneira mais generalista. Pois bem, eis as correspondências: o foco são os "objetivos", a organização é a "estratégia", a disciplina é a "operação".

Como é regra no universo da administração, usam-se muitas palavras para dizer a mesma coisa. Quis abraçar todas aqui para esclarecer as confusões. Preparei ainda a seguinte tabela de correspondências:

AFINANDO O VOCABULÁRIO		
NO PLANEJAMENTO PESSOAL, EU DIGO	NO PLANEJAMENTO DE NEGÓCIOS, EU COSTUMO DIZER	O QUE SE DIZ NO MERCADO
foco ou norte	ponto B + ponto A (objetivos, a partir da realidade conhecida)	objetivos
organização	Ps estratégicos ou caminho do ponto A ao ponto B	estratégia
disciplina	Ps operacionais + controle	operação
O PROCESSO INTEIRO PODE SER CHAMADO DE "ESTRATÉGIA"		

Planejar e executar – duas faces da mesma moeda

Infelizmente, não é pequeno o número de pessoas e empresas que consideram o ato de planejar um desperdício de tempo e de recursos, já que as circunstâncias a nossa volta mudam o tempo todo; para elas, o "lance" é ter "jogo de cintura".

No caso das pessoas, olhe para aquele seu amigo boa-vida que está torrando o dinheiro dos pais. No caso das empresas, são as que não planejam novos produtos e limitam-se a copiar os dos concorrentes.

Também é inexpressiva a quantidade de indivíduos e companhias que têm excelentes idéias, estudam, estudam, fazem grandes planos, consideram-se grandes estrategistas e, na execução, são um zero à esquerda. O exemplo individual disso é o sujeito sonhador que faz duzentas promessas todo réveillon. A empresa típica do segundo grupo, por sua vez, é a prestadora de serviços que desenvolve cem projetos ao mesmo tempo e não consegue implementar nenhum com eficácia.

Estratégia envolve planejamento e execução. Vale resgatar o pensamento de Joel Baker, que no interessante filme de treinamento *O enigma dos paradigmas* nos dizia: "Visão sem ação é só um sonho; ação sem visão é um passatempo; visão e ação juntas podem mudar o mundo". A nova ordem mundial determina que é preciso fazer planejando, ou sonhar realizando.

Estratégia e marketing

Você notou, quando tratamos do vocabulário, que eu uso termos de marketing como "Ps estratégicos" e "Ps operacionais". Por quê? Porque marketing também é estratégia. Isso merece uma explicação. Marketing é um conceito muito falado e pouco entendido.

Precisamos entender o marketing a partir de, pelo menos, três dimensões diferentes: como operação, como estratégia de negócios e como filosofia empresarial. A maioria das empresas possui uma operação de marketing, mas poucas têm uma estratégia de negócios e, infelizmente, um número menor ainda conta com uma filosofia empresarial.

O que é o marketing como operação? É um conjunto de tarefas que alguém tem de fazer, em geral os quatro Ps operacionais de que trataremos no Capítulo 5: produto, preço, praça e promoção. Pode ser responsabilidade de um único departamento. Ou, em grandes empresas, por exemplo, pode ser a soma de vários departamentos, como comunicação, desenvolvimento de produto etc. Em empresas médias e pequenas, representa-se pelo gerente comercial, que cuida tanto do marketing como das vendas. E nas microempresas, o dono executa as atividades operacionais de marketing.

O que é marketing como filosofia empresarial? É uma orientação que deve ser entendida e praticada por todos dentro da empresa, para que a organização busque atender e satisfazer os seus clientes, encantá-los e buscar sua lealdade. Pode ser traduzida em um enunciado como este: "Nesta empresa, quem não trabalha diretamente com o cliente trabalha para alguém que está trabalhando diretamente com o

FAZEJAMENTO

- Mesmo que já esteja na metade do ano, experimente fazer a matriz PFTD sugerida neste capítulo. Primeiro, escreva um esboço. Deixe passar um dia ou dois e releia. Mude o que for necessário, dê mais dois dias de intervalo e finalize o slogan que o posiciona. Priorize as coisas. O processo leva pelo menos uma semana. Esse é o tempo, no fim do ano, entre o Natal e o réveillon.
- Então passe às metas. Vá direto ao ponto, sem enrolação, e lembre que deve distribuir as coisas ao longo de todo o período, ou seja, ao longo do ano todo.
- Você pode montar uma planilha para acompanhar se está executando as metas. Algumas metas são mais qualitativas, tais como "aproximar-se dos amigos", mas você certamente terá *feeling* para medir essa aproximação, dando-lhe notas de 0 a 5, por exemplo.
- Faça isso e você estará criando um hábito, o hábito da estratégia.

cliente". Trata-se de uma função gerencial, não de uma técnica nem de um departamento.

E o que é marketing como estratégia de negócios, ou marketing estratégico? É o tema deste livro. Leia e entenderá. O grande mestre do marketing, Philip Kotler, iria mais longe do que eu. Para Kotler, marketing e estratégia de negócios são exatamente a mesma coisa.

2

Então, por onde devo começar?

Descubra onde sua empresa está hoje:

- definindo o ponto A
- conhecendo a regra dos seis Cs
- identificando as variáveis controláveis e incontroláveis
- analisando os seis Cs e usando a matriz SWOT

Para fazer jus à origem militar do termo "estratégia", contarei uma história de guerra. Muitos analistas acreditam que a Alemanha nazista começou a perder a Segunda Guerra Mundial no ataque à então União Soviética, em 1941.

Hitler avaliava ser impossível ganhar a guerra no oeste da Europa sem uma vitória no leste e colocou três milhões de soldados alemães nos Bálcãs, além de dois milhões de combatentes de tropas do Eixo (Japão e Itália). Era a Operação Barbarossa. Os nazistas e seus aliados estavam agora lutando em duas frentes.

Hitler iniciou a operação em junho e previa que, entre outubro e novembro, a URSS já teria capitulado. Ele confiava no poder da *blitzkrieg*, sua guerra relâmpago baseada no ataque rápido a alvos específicos com ações coordenadas por ar e terra – esse sistema derrotara o excelente exército francês no ano anterior. O Führer também achava que seria apoiado pelo povo soviético, severamente oprimido pela ditadura de Josef Stalin.

De fato, em três meses os alemães estavam às portas de Moscou. Aos poucos, Stalin foi cedendo quase toda a parte européia da União Soviética aos nazistas, e atacou-os por trás, cortando seus suprimentos. Em dezembro, com o inverno russo e sem uniformes próprios, os soldados nazistas não conseguiram completar a invasão de Moscou e entrar no Kremlin, o centro do poder. Também não conseguiram invadir Leningrado, atual São Petersburgo, que foi inteiramente cercada pelo Exército Vermelho.

Sem sucesso nessas duas cidades, os alemães resolveram abrir mais uma frente de batalha, movendo, em meados de 1942, parte das tropas para o sul do país. Hitler pretendia dominar os campos de petróleo do Cáucaso e a rota de transporte de navios no rio Volga, que seriam dois grandes golpes nos soviéticos e nos Aliados de forma geral.

A estratégia nazista fracassou. Por quê?

Regra de Ouro nº 2

Para responder a essa pergunta, chegaremos à segunda regra deste livro: Descubra onde sua empresa está hoje.

Na campanha da URSS, Hitler tinha objetivos bem definidos e um caminho claro para alcançá-los. Onde ele errou? Essa resposta é virtualmente infinita, é claro. Mas, para o propósito deste livro, importa frisar que ele não desenhou um retrato fiel da situação daquele momento. Não conhecia suas próprias forças e fraquezas: a *blitzkrieg*, por exemplo, já não surpreendia como antes, e o Exército alemão não dava conta de combater em três frentes. Ignorava o contexto do inverno russo e, principalmente, não compreendia as forças e fraquezas do rival.

Para entender esse rival, bastaria que Hitler estudasse a história da invasão da Rússia por Napoleão Bonaparte. Em 1812, Napoleão já estava instalado no Kremlin quando os russos voluntariamente começaram a incendiar Moscou, queimando tudo o que possuíam.

Agora, releia a segunda regra de ouro da estratégia. Entendeu? A estratégia sempre nascerá errada se não for feita uma análise da empresa, de seu mercado e do ambiente em que se encontra, ou se essa análise estiver equivocada ou incompleta. Trata-se de uma análise muito mais complexa do que saber quantos quilos você consegue perder em quanto tempo, como no exemplo de estratégia pessoal do Capítulo 1.

Se subavaliar sua capacidade na situação atual, você cometerá um grave erro, pois poderia ir mais longe do que está prevendo; se superestimá-la, vai propor-se um objetivo que nunca poderá alcançar. Para evitar esses riscos, é fundamental definir, com o maior grau de acerto possível, "onde a empresa está hoje".

Definindo o ponto A

"Homem, conhece-te a ti mesmo e conhecerás o universo e os deuses." Essa frase estava inscrita no famoso Oráculo de Apolo, em Delfos, na Grécia antiga, e foi muito utilizada e difundida pelo filósofo Sócrates, que viveu por volta do ano 400 a.C. Resume com perfeição um dos objetivos – e uma das principais angústias – do homem ao longo de sua história: o autoconhecimento. Tal necessidade premente também aparece em algumas religiões e é central, por exemplo, para o budismo.

De forma semelhante, o militar e filósofo chinês Sun Tzu disse há 2.500 anos: "Se conhecemos o inimigo e a nós mesmos, não precisamos temer o resultado de uma centena de combates. Se nos conhecemos, mas não ao inimigo, para cada vitória sofreremos uma derrota. Se não nos conhecemos nem ao inimigo, sucumbiremos em todas as batalhas".

O autoconhecimento, ou a auto-análise, em especial se for sincera, despida de preconceitos e corajosa o suficiente para fornecer respostas úteis sobre pontos fracos e fortes, é um passo fundamental para descobrir "onde você está hoje" – e, assim, determinar o que chamaremos neste livro de "ponto A".

A regra dos seis Cs

Para fazer essa auto-análise de maneira eficiente, a melhor fórmula, em minha opinião, está contida nos arcabouços teóricos da estratégia de marketing, ou melhor, na regra dos seis Cs, que pode ser encontrada em *Administração de marketing*, livro clássico de Philip Kotler.

De acordo com o pessoal de marketing, devemos fazer uma foto da realidade em que se encontra uma empresa focando ela mesma, seus concorrentes, seu mercado e o ambiente de negócios. Para tanto, passamos em revista seis elementos que começam com a letra C:

1. Companhia
2. Concorrentes
3. Canais
4. Consumidores finais
5. Custos
6. Contexto

Nas grandes empresas, esse tipo de análise costuma ser rotineiro, faz parte do dia-a-dia dos seus departamentos de marketing e vendas. Mas, para negócios menores, o esforço pode parecer excessivo. Relaxe! Não há por que se assustar com o trabalho à frente. Em cada um desses aspectos, a profundidade do diagnóstico não importa tanto. O crucial é chegar a respostas que realmente retratem como anda o seu negócio.

"C" de Companhia

Você deve analisar sua própria empresa no que diz respeito a pontos fortes e fracos. Faça-se duas perguntas básicas: em que, afinal, sua empresa é melhor do que as demais no mercado em que atua? E em que ela é pior? Deve-se levar em conta o capital humano da organização, os ativos financeiros e os recursos tecnológicos.

Vou dar exemplos: a empresa pode ser excelente em relacionamento com os clientes e nos recursos tecnológicos

AUTO-AVALIAÇÃO

- Você saberia descrever os seis Cs de sua empresa de bate-pronto?
- Quão difícil seria buscar as informações que faltam?
- Quanto tempo demoraria?
- Quem poderia ajudá-lo nessa tarefa?

que dão apoio a esse relacionamento. E talvez seja fraca na administração dos recursos financeiros, com custos altos e grande quantidade de retrabalho.

Se tiver dúvidas sobre seu próprio julgamento, não hesite em pedir ajuda a colegas, empregados e até observadores externos, como clientes e fornecedores. E se as pessoas se sentirem inibidas em contribuir, seja criativo: ofereça-lhes, por exemplo, um esquema que garanta o anonimato. Em relação a empresas grandes, você pode utilizar informações divulgadas na mídia.

O importante é entender e relacionar os pontos em que leva vantagem em relação aos concorrentes e aqueles que deveria aprimorar porque está em desvantagem.

Quando fizer essa análise, não se esqueça de nada. Comece pensando em tudo o que se refere a marketing: sua marca, sua capacidade de ações promocionais e propaganda, sua força de vendas, seu serviço de atendimento ao cliente, sua política de preços, seus canais de distribuição, a qualidade e a diferenciação de seu produto, sua participação no mercado etc. Pense nos recursos humanos – em sua produtividade, suas capacidades, seu envolvimento, sua rotatividade, seus salários, suas respostas ao treinamento, sua autonomia. Analise a competitividade da equipe gerencial, sua real liderança, sua forma de delegar, o processo decisório que instalou, seu nível de transparência, sua remuneração.

Pense na estrutura tecnológica: ela garante que a empresa tenha boas informações de modo rápido? Garante a distribuição das informações? Confere-lhe boa velocidade de resposta? Pense na capacidade de levantar financiamento, em seu nível de endividamento, em sua lucratividade, em seus custos administrativos, na situação diante da Receita Federal etc. Pense nas operações, dos fornecedores aos estoques, dos custos de produção à capacidade instalada, da qualidade à localização.

"C" de Concorrentes

Você não está sozinho. Admita. Por isso, é necessário que liste os pontos fortes e fracos também de seus principais concorrentes. Detalhe: fique especialmente atento a evidências de que eles estão atendendo mercados que você não detectou.

A primeira dica é escolher um número limitado deles, mas representativo. Por exemplo, se estiver no ramo de padarias, selecione até meia dúzia de estabelecimentos só em seu bairro. Se for a unidade de negócios de um grande grupo, concentre-se somente nas unidades concorrentes que atendam, com seus produtos e serviços, as mesmas necessidades atendidas por sua unidade.

Encerrada a seleção, passe à análise, que pode ser feita de pelo menos duas maneiras. Peça aos clientes que emitam suas opiniões sobre as forças e fraquezas desses concorrentes (a equipe de vendas tira isso de letra); ou, então, vá pesquisá-los você mesmo. Para tanto, tome um lanche nas padarias rivais, apure o que fornecedores e clientes falam delas ou confraternize com os inimigos diretamente.

Em resumo, você deve ter os concorrentes na sua exata medida de competitividade. Isso lhe dará noção das oportunidades e ameaças representadas por eles. Lembra-se da expressão "Um olho no peixe e outro no gato"? Acabamos de falar desses dois animais.

"C" de Canais

Incluo nesta classificação os canais de vendas e intermediários em geral, ou seja, todos os clientes que não são os usuários finais de seus produtos ou serviços. Por exemplo, os canais de uma fábrica de sapatos são os atacadistas, os distribuidores e as lojas de sapatos. Uma fábrica de detergente líquido possui supermercados e mercearias como canais e, na maioria das vezes, atacadistas e distribuidores para chegar até eles. São empresas que trabalham com multicanais de diferentes níveis, necessários para atender um país e um mercado tão grandes e diversificados como os nossos.

Duas informações são necessárias:

- quais são os canais existentes – para a fábrica de detergente líquido, são os supermercados e as mercearias;
- como eles enxergam sua empresa como fornecedora – descubra se a consideram flexível e ágil, fácil de lidar, cumpridora de prazos, praticante de bons preços e assim por diante.

Como levantar essas informações? Se houver um bom relacionamento com os canais existentes, você pode lhes passar questionários de avaliação para que preencham com franqueza. Se não, o melhor é travar conversas informais sobre o assunto nas oportunidades que surgirem.

O *feedback* recebido dos funcionários que lidam com vendas e atendimento dos canais no dia-a-dia também poderá ser bastante útil, assim como informações obtidas *in loco* ou pelos jornais.

Só não caia na tentadora ilusão de achar que você já sabe o que os canais pensam sobre sua empresa. O retrato dos canais também lhe dará noção de oportunidades e ameaças representadas por eles.

"C" de Consumidores

Chegamos a quem interessa, sua majestade, o cliente. O importante aqui é conhecer necessidades, desejos e hábitos dos consumidores da empresa, além de sua escala de valores. Por que pagam tanto por certos produtos e simplesmente rejeitam outros a qualquer preço?

Como disse o poeta português Fernando Pessoa em seu artigo "A essência do comércio", de 1926, "se queremos servir os outros, nós é que devemos pensar como eles". Numa linguagem mais contemporânea, significa ter o foco **do** cliente e não o foco **no** cliente.

Além das valiosas informações dos vendedores, você já deve ter algum tipo de pesquisa sobre esse consumidor, mesmo que seja uma pesquisa setorial. Se não, pode improvisar rapidamente uma pesquisa qualitativa em algum ponto-de-venda para conseguir definir seu ponto A.

Para quem atende clientes empresariais em número pequeno, uma alternativa é pedir seu *feedback* diretamente. Para complementar, vale recorrer a artigos de jornais e revistas sobre seus mercados.

"Escanear" os consumidores, para usar uma expressão em inglês aportuguesada, é utilíssimo. Você pode descobrir oportunidades e ameaças que estão passando despercebidas.

Nada substitui o contato direto com os consumidores. Porém, quando o negócio cresce e num mercado territorialmente tão grande quanto o brasileiro, não podemos deixar de lançar mão das pesquisas feitas por eficientes empresas do ramo ou encomendadas por agências de propaganda. Se você tem recursos, confie na técnica desenvolvida pelas empresas de pesquisa e procure ter um retrato atual de seus consumidores, tanto qualitativo como quantitativo, feito por quem entende. Mas não deixe de se aprofundar no foco do cliente porque não tem recursos para encomendar pesquisas. Nesse caso, vá à luta com as ferramentas alternativas.

"C" de Custos

Estudados todos os aspectos anteriores, não se esqueça dos custos. Afinal, ninguém domina um negócio se não domina seus números.

Para tanto, você precisa entender a essência das duas contabilidades existentes: a gerencial e a de custos. Dos números da contabilidade de custos saem os valores da contabilidade gerencial.

As organizações têm, por vezes, uma série de relatórios, planilhas e dados à disposição dos gestores, mas os números, por si só, muitas vezes não constituem uma informação valiosa. Daí a necessidade, conceitual, de saber como são lançados os números na contabilidade para que, uma vez apresentados em relatórios ou gráficos, possam dirigir nossas decisões.

Que tipos de número? Todos. Dos custos operacionais aos administrativos, do tempo de retorno ao valor da empresa, da margem de lucro nos preços ao peso dos impostos, do endividamento aos investimentos.

O importante é não ignorar a ciência da gestão e todo o arcabouço teórico que podem ajudá-lo na gestão de custos.

A facilidade de lidar com métodos quantitativos não é algo nato: pode e deve ser desenvolvida.

"C" de Contexto

Finalmente, você deve analisar o contexto em que se insere a empresa, ou seja, o ambiente de negócios. Este é formado por mudanças tanto na economia de seu país ou de sua região, como na conjuntura social. Incluem-se entre elas novos estilos de vida, saltos de inflação, novas leis, novos concorrentes etc.

Tais transformações são cada vez mais velozes. Por isso, monitorar esse ambiente sempre – e não apenas no momento da análise dos seis Cs – nos fará mais perceptivos em relação às oportunidades e mais alertas às ameaças.

Como fazer esse monitoramento? Não há fórmula nesse caso. Você precisa estar sintonizado no mundo e aprender a processar as coisas ao ler jornal, ver TV, ir ao cinema, navegar na Internet, conversar com as pessoas, viajar, estudar, freqüentar restaurantes etc. Sorria! São obrigações gostosas!

FAZEJAMENTO

Você tem de treinar os seis Cs. Exercite-os com empresas famosas, fazendo pesquisas na Internet para coletar informações. Mais uma vez, você deve incorporar o hábito. Seu primeiro exercício pode ser com a General Motors e a General Electric. Responda: construir um carro elétrico seria uma oportunidade de negócio melhor para a GM ou para a GE? Uma fabrica carros, outra é craque em tudo o que é movido a eletricidade. Analise os seis Cs de cada uma e você conseguirá responder. Eu vou dar a resposta, mas é você que tem de saber por quê – General Motors.

A TEORIA, NA PRÁTICA, PELO ESTUDO DE CASO

Para que você possa acompanhar o processo de desenvolvimento de uma estratégia, desenvolvo em capítulos a "novela" da fictícia fábrica de chocolates Delícia Ltda. De controle familiar, é presidida pelo sr. Emiliano Jonas e atua no segmento de chocolates populares, que movimenta R$200 milhões por ano, dos quais sua participação é da ordem de R$10 milhões.

A Delícia está enfrentando um processo de profissionalização e o sr. Emiliano quer ter uma estratégia para seu negócio pela primeira vez na vida. O ponto de partida escolhido por ele é a análise da situação atual.

Em uma folha de papel, o sr. Emiliano risca duas colunas, uma para os pontos fortes de sua empresa, outra para os pontos fracos.

Na primeira lista estão: marcas conhecidas no interior de São Paulo (Delícia, Delícia Kids e Delícia Show), bom sistema de distribuição a pequenos varejistas, bom relacionamento e penetração em grandes distribuidores, estrutura enxuta. Na segunda: linha limitada de produtos (apenas três), capacidade de produção ociosa, estrutura ainda não 100% profissionalizada e atuação regionalizada (em São Paulo e no Sul do País).

A segunda folha de papel é preenchida dois dias mais tarde, quando o gerente de vendas volta com informações sobre os concorrentes da Delícia coletadas junto a pequenos varejistas e distribuidores. Ele relata os nomes das principais rivais – a ChoKate, a Suíço e a Menino –, e observações sobre como se comportam no mercado, com que marcas e margens trabalham, quanto de material promocional e propaganda cooperada oferecem aos canais. Por serem grandes, têm uma linha de produtos mais ampla. E, por serem multinacionais, praticam um marketing mais agressivo.

A terceira folha de papel é destinada aos canais. O sr. Emiliano e sua equipe contabilizam todos os intermediários, atacadistas, distribuidores, empórios, mercearias, bares e até ambulantes que compram diretamente; o número chega a sessenta distribuidores e sessenta mil pontos-de-venda.

Chega a hora de descrever os consumidores e o sr. Emiliano tem muitos dados disponíveis sobre eles. Fez uma pesquisa quantitativa há seis meses – os custos de pesquisa têm decrescido nos últimos anos – e faz visitas constantes aos pontos-de-venda, onde conversa com as pessoas. Entre as diversas informações de que dispõe, destaca: o consumidor diz que gosta da sensação de amanteigado que nosso chocolate deixa na boca e elogia a embalagem azul com dourado.

Fazendo a análise de custos, o sr. Emiliano descobre que a margem de contribuição de cada um dos produtos chega a 45%, o que é um patamar bastante alto em indústria alimentícia. Seus custos de marketing somam 5% do faturamento, bastante modestos e concentrados em ações nos pontos-de-venda. O lucro líquido final da companhia antes do imposto de renda tem ficado na casa dos 18% (R$1,8 milhão).

Por fim, o contexto é analisado: pelo efeito da estabilização econômica, o mercado de chocolates tende a crescer 20% ao ano nos próximos quatro anos, dobrando de tamanho no período.

Com tudo isso, os profissionais da Delícia Ltda. conseguem ter uma primeira foto real da atuação da empresa no mercado de chocolates nesse momento. Eles ainda farão uma revisão completa dos recursos humanos, financeiros e tecnológicos da empresa a fim de incluir esses dados nos seis Cs, mas já conseguem ter noção das potencialidades.

Matriz SWOT

A análise dos seis Cs fica mais clara quando aplicamos suas descobertas na clássica matriz SWOT, sigla em inglês de forças, fraquezas, oportunidades e ameaças. Você cruza as forças e fraquezas da sua empresa com oportunidades e ameaças reveladas, por exemplo, na análise de um concorrente ou do ambiente de negócios.

A matriz já insinuará possibilidades de objetivos, por exemplo, no quadrante superior esquerdo, onde se somam oportunidades e pontos fortes. Muito utilizada nos cursos de estratégia de Harvard, tem a seguinte representação gráfica:

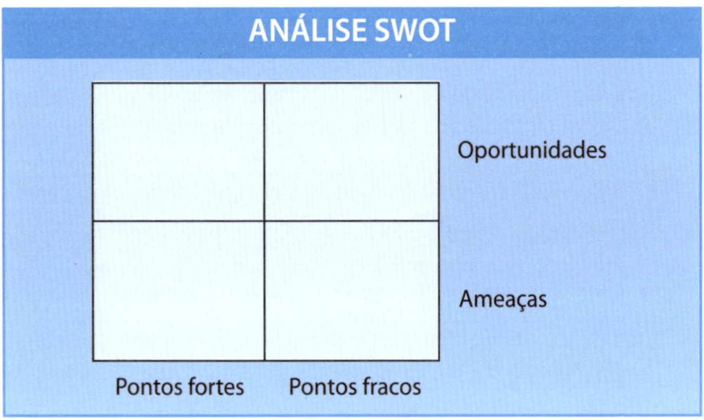

Variáveis controláveis e incontroláveis

Cabe aqui uma reflexão para que essa análise situacional não o estresse além da conta. A regra dos seis Cs constitui-se, na verdade, na descrição do que costumamos denominar na academia "variáveis controláveis e incontroláveis". Apenas as variáveis contidas no primeiro C, de Companhia, são controláveis. Todas as outras independem da nossa vontade e se enquadram, portanto, na categoria de incontroláveis.

Quando dizemos, na análise do primeiro C, que um de nossos pontos fracos é tecnologia, podemos comprar ou desenvolver os recursos que nos faltam ou ainda encontrar um sócio estratégico que tenha tecnologia. Isso é controlável. Porém, quando diagnosticamos tendência de alta na inflação, não há como controlar isso. O que existe é a possibilidade de readequar ao evento alguma variável sobre a qual tenhamos controle, como o custo de produção e o preço do produto.

Outros exemplos de variáveis incontroláveis são o ritmo de envelhecimento da população, a tendência da taxa de juros, a entrada de novos concorrentes, o surgimento de novas tecnologias no mercado e as guinadas do mercado, por conta de modas, hábitos e costumes.

Em marketing, dizemos que há quatro variáveis controláveis principais, com as quais "pilotamos" a empresa em face das mudanças no meio ambiente: produtos, preços, promoção e praça, os famosos quatro Ps do marketing, de Jerome McCarthy, amplamente difundidos por Philip Kotler.

3

E se tudo parece impossível?

Estabeleça objetivos desafiadores, mas alcançáveis:

- definindo o ponto B
- os tipos de objetivo
- a metodologia SMART
- oportunidades ambientais e empresariais

Vamos imaginar uma brincadeira (se quiser, você pode até fazê-la enquanto lê esse texto).

Pegue uma garrafa e algumas argolas. Coloque a garrafa a uma determinada distância e tente lançar as argolas de maneira a encaixá-las no gargalo.

Se colocar a garrafa muito perto, você verá que fica fácil demais acertar e logo se cansará da brincadeira. Então, deve empurrar a garrafa um pouco mais para a frente e tentar de novo. Se continuar acertando todas, repita a operação sugerida. Provavelmente chegará um momento em que a garrafa ficará longe demais: por mais que tente, você não acertará nenhuma vez.

Aí a solução é trazer a garrafa um pouco mais para perto de si, de maneira que a brincadeira fique difícil o suficiente para continuar interessante e, ao mesmo tempo, seja possível acertar algumas argolas e ir melhorando o *score*.

Esse lugar ideal é nosso "ponto B". É a distância em que devem ficar seus objetivos.

Regra de Ouro nº 3

Do exercício das argolas na garrafa, tiramos a terceira regra de ouro: Estabeleça um objetivo que seja alcançável, mas desafiador; desafiador, mas tangível.

A definição do ponto B, quando feita corretamente, não é nada fácil. Costumamos ter tantos sonhos em nossos negócios que escolher como objetivo apenas um – ou alguns – entre eles chega a ser doloroso. Além disso, o ponto B pode estar em um lugar impensado. Para certas pessoas, o processo de descoberta do objetivo mais adequado é quase uma catarse.

Felizmente existem metodologias simples que ajudam a estruturar essa busca pelo ponto B. Apresento a seguir as que considero de mais fácil aplicação.

Os tipos de objetivo

Vale a pena começar pela pergunta "O que deve ser o objetivo?" Os objetivos típicos de uma empresa dividem-se em seis categorias:

- Crescer, ou seja, aumentar as vendas. Você até pode escrever isso de outra maneira, como "inauguração de novas lojas", "aquisição de outra empresa", "estabelecimento de aliança estratégica". Mas o ponto B é a ampliação das vendas. Segundo C.K. Prahalad, grande autoridade em estratégia de negócios, crescer tem de ser o objetivo de todas as empresas. "É crescer ou morrer", diz ele.
- Ganhar participação no mercado. Trata-se de estabelecer um determinado nível de *market share* para ser atingido em determinado período de tempo. Por exemplo: você, que entrou no mercado de xampus para cabelos crespos hoje, quer construir uma participação de 15% nele em cinco anos. Aumentar a carteira de clientes oferecendo-lhes soluções personalizadas pode ser um caminho que conduz a esse objetivo.
- Aumentar a rentabilidade. Um objetivo empresarial bastante comum é o aumento dos lucros. Michael Porter, outro grande especialista em estratégia, chega a dizer que esse é o único objetivo que realmente importa. Para ele, a eficiência e o acerto da estratégia de uma empresa devem ser medidas pelo seu resultado econômico ou seu resultado sobre o investimento.
- Superar uma crise. No mundo dos negócios, o objetivo de "sobreviver" ou de "sacudir a poeira e dar a volta por

cima" é dos mais corriqueiros em épocas em que a economia anda de lado. Aqui podemos incluir também o objetivo de preparar-se para superar uma crise que você prevê que acontecerá futuramente.

- Fortalecer a marca e a imagem ou ampliar a visibilidade. Esse tipo de objetivo tem sido cada vez mais importante na era da ultracompetição globalizada, em que todo poder pertence ao consumidor. Melhorar a posição de sua marca na pesquisa Top of Mind é um modo de formular esse objetivo. Melhorar o atendimento ao cliente é outro.

Cada objetivo deve ser "SMART"

A segunda pergunta a fazer é "Como deve ser o objetivo?" Várias empresas de consultoria empresarial utilizam a metodologia SMART para responder a isso, entre elas a norte-americana Woodland Grange.

Você pode memorizar facilmente a metodologia recorrendo ao significado de "*smart*" em inglês, que é "esperto".

"S" de eSpecífico

Uma ação ou comportamento observável tem de poder ser descrito, ligado a uma taxa, número, porcentagem ou freqüência. Por exemplo, aumentar as vendas em 20%.

AUTO-AVALIAÇÃO

- O que você chamava até hoje de objetivo?
- Isso se enquadra na tipologia de objetivos descrita aqui?
- Isso atende aos requisitos da metodologia SMART?
- Que oportunidades ambientais e empresariais você já aproveitou em seu negócio?

"M" de Mensurável

De modo geral, é o que se pode medir por meio de um sistema ou método. No exemplo mencionado acima, pode-se medir o crescimento de vendas por meio do resultado do faturamento.

"A" de Alcançável

Esse é o próprio princípio de estabelecer o ponto B a partir do ponto A, da história da argola. Se a meta for difícil demais em relação à capacidade da empresa, os funcionários nem "dão a partida".

"R" de Relevante

O objetivo tem de ser tão relevante para a empresa e para seus indivíduos que consegue lhes injetar ânimo para lutar por ele. Aqui, relevante também é sinônimo de "desafiador".

"T" de Tempo definido

É imprescindível sugerir o estabelecimento de uma data (dia, mês e ano) para o objetivo ser totalmente alcançado. Além disso, considero obrigatório dividi-lo em várias metas, cada qual com sua data (*falaremos mais sobre isso no Capítulo 4*).

FAZEJAMENTO

Escreva num papel todos os sonhos que você gostaria de tornar realidade para seu negócio. Faça o mesmo com as oportunidades ambientais e empresariais que você identifica hoje. Agora inicie um processo de análise para descobrir quais desses itens (um ou dois, no máximo) podem se transformar nos objetivos de sua empresa, usando a tipologia de objetivos e a metodologia SMART.

A TEORIA, NA PRÁTICA, PELO ESTUDO DE CASO

Quando estudavam o contexto na análise dos seis Cs, o sr. Emiliano e sua equipe descobriram uma oportunidade ambiental a ser explorada. Com a estabilização econômica, o mercado brasileiro de chocolates populares deveria passar a crescer a taxas de 20% ao ano nos próximos quatro anos, atingindo R$400 milhões.

Se mantivesse sua produção no nível atual, a Delícia perderia participação no mercado, caindo dos atuais 5% para 2,5%. Hoje ela tem 5% dos R$200 milhões do mercado e fatura R$10 milhões; no futuro, se mantido o faturamento dessa ordem, passaria a ter 2,5% do mercado de R$400 milhões. Se crescesse no mesmo ritmo do mercado, ela manteria a mesma participação e, portanto, estaria faturando 5% de R$400 milhões, ou seja, R$20 milhões.

Agora, se expandisse suas vendas num ritmo mais rápido que o do mercado, ganharia participação. Portanto, se a empresa tivesse como objetivo alcançar 10% de participação em seu mercado em quatro anos, chegaria a um faturamento de quase R$40 milhões, ou seja, quatro vezes o faturamento atual, no período de quatro anos.

O sr. Emiliano ponderou: "Até um corpo boiando viaja na velocidade do rio. A gente precisa é nadar". Foi assim que a Chocolates Delícia transformou uma oportunidade em objetivo do tipo "participação no mercado".

O objetivo atendeu a todas as condições da metodologia SMART: era específico, mensurável, alcançável (confirmado pela análise do ponto A), relevante e com tempo definido – quatro anos.

Oportunidades ambientais e empresariais

Nem sempre definimos um objetivo de acordo com algo que queremos. Às vezes, detectamos uma oportunidade de negócio na análise dos seis Cs e a convertemos em objetivo.

Por essa razão, vale a pena comentar os dois tipos de oportunidade existentes: ambientais e empresariais. As primeiras são as que surgem no mercado e estão disponíveis para todos os competidores. As segundas são as que existem somente para a sua empresa ou aquelas que sua empresa pode aproveitar melhor que outras no mercado. As do segundo tipo geralmente mostram-se mais promissoras, mas as primeiras tampouco são desprezíveis.

Um exemplo de oportunidade ambiental que pode transformar-se em objetivo é a produção de carros elétricos em série, como citamos no quadro "Fazejamento" do capítulo anterior. Essa oportunidade está aí para quem quiser aproveitá-la, seja a General Motors (GM), a General Electric (GE) ou a oficina da esquina. Trata-se de um carro que oferece uma série de vantagens para o consumidor – não faz barulho, não agride o meio ambiente e pode ser carregado em casa.

Para ambas as empresas, GM e GE, essa é, sem dúvida, uma oportunidade ambiental, mas será também uma oportunidade empresarial? Mudando um pouco a pergunta, para qual empresa essa oportunidade parece ser mais relevante?

Nossa primeira resposta poderia ser a GE, já que a reconhecemos como uma empresa com *expertise* em energia. Mas será que essa vantagem não é pequena se lembrarmos que a GM é sinônimo de automóvel, já tem rede de distribuição, engenharia, fábricas, prática de longa data em marketing no setor etc.? Com certeza. Logo, para a GE, fabricar um carro elétrico é apenas mais uma oportunidade ambiental, enquanto para a GM ela passa a ser empresarial; é própria do seu negócio e de sua *expertise*.

4 Mas como eu chego lá?

Desenhe um caminho diferente de todos os demais:

- os quatro Ps estratégicos
- os *trade-offs*
- a organização guiada pela estratégia

"Eu não sei qual é a chave do sucesso, mas a chave do fracasso é tentar agradar a todo mundo." Essa frase constitui a mais perfeita síntese de uma estratégia de negócios que já ouvi. Ela não é de autoria de nenhum grande especialista em estratégia de Harvard ou Wharton, mas de Bill Cosby, comediante negro norte-americano.

Cosby provou, em sua vida, ser muito bom em estratégia. Por exemplo, ele tomou vários atalhos para acelerar sua carreira. Em 1956, largou a escola para se inscrever na Marinha, onde foi remunerado para receber uma boa educação. Em 1961, saiu da Marinha para cursar a Universidade Temple. No ano seguinte, largou a universidade para investir na carreira de comediante.

Em 1963, Cosby apareceu no programa de TV "The Tonight Show" e sua popularidade foi às alturas. Seu sucesso foi atribuído, em grande parte, a uma abordagem diferenciada. Ele não tentou agradar a todo mundo. Privilegiou o público negro – e, de quebra, atraiu os brancos também. E, em vez de ir às ruas lutar pelos direitos civis como todos, Cosby focalizou na TV as situações cotidianas.

O maior êxito de Cosby foi a sitcom "The Cosby Show" (1984-1992), na qual interpretava o papel de bem-sucedido, exatamente o que ele buscara desde a infância em que brincava nas ruas da Filadélfia. Uma observação interessante: ao longo de sua carreira, Cosby continuou estudando. Graduou-se em Temple e fez mestrado e doutorado pela Universidade de Massachusetts. Quer outra frase primorosa de Cosby? "Se quiser ter sucesso na vida, seu desejo de sucesso precisa ser maior que seu medo de fracassar". (*Não deixe de ler os Capítulos 9 e 10.*)

A frase inicial e o exemplo de vida de Bill Cosby caem como uma luva para o que vamos tratar agora. Nem vou comentar os atalhos que conseguiu pegar por ter um objeti-

Regra de Ouro nº 4

O comediante Bill Cosby nos ensina a quarta regra da estratégia: Desenhe um caminho diferente de todos os demais.

vo definido. O que me interessa neste capítulo é sua "abordagem diferenciada".

Tal abordagem é fruto de uma combinação de pesquisa, segmentação, posicionamento e priorização (mesmo que Cosby tenha intuído tudo isso). Se a estratégia é o caminho, esses quatro elementos – chamados na literatura da administração de marketing de "quatro Ps estratégicos" – representam o cimento que o pavimenta.

Os quatro Ps estratégicos

Você deve ter notado que nem todos os "Ps" começam com "P". Explica-se: a expressão vem das palavras em inglês "*probing, partitioning, positioning* e *prioritizing*".

"P" de Pesquisar

Assim como é preciso saber onde você está para estabelecer aonde quer chegar, para definir sua estratégia você tem de pesquisar o mercado em que sua empresa atua e seus clientes. São duas coisas diferentes. Seus clientes estão no mercado, mas o mercado é maior que seus clientes. Peter Drucker dá um valioso conselho a respeito desse assunto: "É preciso sempre ouvir os não-clientes".

Se você é um pequeno empresário, pode estar pensando que essa coisa de pesquisar mercado e consumidor é para grandes corporações que podem contratar institutos de pesquisa. Não é bem assim. Em primeiro lugar, os custos de pesquisas de mercado vêm caindo no Brasil. Em segundo, há pesquisas e pesquisas – quantitativas e qualitativas, com métodos rigorosos ou improvisadas, dos tipos que simplesmente aproveitam oportunidades de interação com os consumidores para gerar alguns *insights*. Você levanta os dados que puder levantar. Não pesquisar é pior.

Uma pesquisa basicamente deve identificar os consumidores e revelar seus desejos e necessidades. Se possível, não apenas os atuais como também os futuros. Isso mesmo – você pode tentar trazer à tona o que os consumidores ainda nem sabem que vão querer ou necessitar. Com a pesquisa, você identifica seu público-alvo, e pode saber mais sobre seus distribuidores e até sobre seus concorrentes.

O melhor a fazer é contratar um instituto de pesquisa qualificado. Para quem não pode fazer isso, sugiro a seguir algumas técnicas de pesquisa que podem ter uma versão "improvisada" pelo leitor (você pode se aprofundar no tema lendo o livro *Marketing de A a Z*, de Philip Kotler):

- **Observação no ponto-de-venda.** O pesquisador passa o dia em uma loja com um bloquinho de notas ou uma câmera de vídeo e fica registrando o comportamento dos consumidores em relação a determinado(s) produto(s). Ele hesita em pegar o produto da prateleira? Fica comparando todos os preços? Alguns pegam e depois devolvem? Dos consumidores que passaram naquela fileira do supermercado, quantos pegaram aquela categoria de produto e quantos pegaram a marca em questão? É interessante repetir a experiência algumas vezes para poder fixar-se em padrões de comportamento.

  Esse tipo de levantamento é especialmente valioso no Brasil. Segundo Richard Vinic, professor da Faap, em nosso país, 85% das compras são decididas no ponto-de-venda e 53% das pessoas vão aos supermercados sem lista de compra previamente preparada.

O pesquisador também pode abordar o comprador informal com uma destas questões: por que consome aquele produto; por que não consome; por que gosta ou não; onde costuma comprar; o que acha do preço; se acha fácil de encontrar; o que pensa da embalagem, em termos visuais, de tamanho e de facilidade para abrir; que novos produtos gostaria que fossem lançados; quando não acha, o que compra; quanto consome por mês; quem mais consome em sua casa.

Vale mencionar que a antropologia tem uma técnica de pesquisa, etnográfica, que faz essa observação de modo bem mais sofisticado. Mas requer um pesquisador treinado para isso.

Existem outras modalidades de observação do consumidor, entre as quais a observação em residências, na Internet (por meio de *cookies*) e atrás do balcão. Este caso é muito bem exemplificado pelos executivos do McDonald's, que, todo ano, religiosamente, têm de passar um dia servindo em uma das lojas. É um bom exemplo a seguir. Se você é de uma indústria, pode perguntar se um canal o deixaria fazer isso. O pessoal de comércio e serviços, que faz isso todo dia, pode mudar seu foco para conhecer mais o cliente. O cabeleireiro pode cortar o cabelo e "investigar" o cliente ao mesmo tempo, por exemplo.

- **Questionários**. Pedir a consumidores que respondam a questionários, oralmente ou por escrito, é um tipo de pesquisa muito acessível. Os custos se resumem a imprimir os questionários e a tabular as respostas depois. Restaurantes fazem isso freqüentemente com pesquisas de satisfação. Revistas e livros têm o recurso da carta-resposta.

AUTO-AVALIAÇÃO

- Essa pergunta é realmente importante: você conhece seu consumidor de fato? E o não-consumidor?
- Até hoje você só segmentou seus clientes demograficamente? Ou nunca segmentou? Viu que há outras maneiras que podem ser melhores para o seu negócio?
- Que *trade-offs* você está disposto a fazer?

Há quem prometa prêmios para estimular as pessoas a responder. Não precisam ser carros e viagens internacionais. Como costuma dizer meu amigo Luiz Marins, professor e palestrante conceituado, a criatividade é uma poderosa arma. Ele conta o caso de uma fábrica de móveis que queria identificar quem comprava seus guarda-roupas. A fábrica colocou uma flanela especial dentro de cada peça e orientou o cliente a limpar o móvel somente com ela. A segunda orientação foi que, quando a flanela ficasse velha, o cliente telefonasse à fábrica para solicitar uma nova, gratuitamente. Quando ele ligava, tinha de responder a um questionário que alimentava o banco de dados da fábrica. Isso permitia fazer novas ofertas ao cliente quando o tempo de vida útil do armário estava vencendo.

Em vez de questionários, você pode encomendar a um instituto de pesquisa entrevistas em profundidade com consumidores, que requerem análise de psicólogos.

- **Comparação de experiências**. Como Kotler explica, consiste em apresentar ofertas diferentes a grupos similares de consumidores para ver o que funciona melhor. Por exemplo, uma videolocadora pode alugar um pacote de três filmes na sexta-feira para devolução na segunda-feira com preço de dois filmes, variando o mix de gêneros e o produto de brinde. O que tem mais apelo? O pacote com dois filmes de aventura e um romance mais uma barra de chocolate? O pacote com uma comédia, um drama e um policial mais pipoca? Ou o pacote com um lançamento de qualquer gênero e dois filmes mais antigos mais um refrigerante de 2 litros?

- **Grupos de discussão ou *focus groups*.** É um tipo de pesquisa cada vez mais utilizado por grandes empresas. Um grupo de consumidores com determinado perfil é reunido por um pesquisador para discutir um produto específico, direta ou indiretamente (às vezes, eles nem sabem qual é o produto em questão). Você pode tentar reproduzir essa experiência convidando clientes mais assíduos para tomar um lanche na empresa num fim de tarde. Embora lhe falte o *know-how* de pesquisador, você pode conseguir respostas para as perguntas relacionadas na parte da conversa no ponto-de-venda.
- **Comprador misterioso.** Se você quiser saber como os canais tratam seu produto, pode fazer passar-se por um comprador. Por exemplo, o dono de uma editora de livros pode ir a uma livraria e, além de observar como seus títulos estão expostos, conversar com os vendedores para entender sua atitude em relação àqueles títulos.

"P" de Segmentar

Se já pesquisou seu mercado, você pode passar para a etapa seguinte: segmentar. O pressuposto da segmentação é a admissão de que sua empresa é incapaz de atender todo mundo, seja do tamanho que for. Para segmentar, você usará as informações obtidas em pesquisas e organizadas em bancos de dados. Há vários "recortes" possíveis na hora de segmentar seu público-alvo. A maioria das empresas, segundo Kotler, ainda prefere as segmentações demográfica e geográfica:

- **Segmentação demográfica**. É a mais óbvia. Você pode atender apenas mulheres; apenas japoneses, nisseis e sanseis; apenas quem tem entre 30 e 40 anos; apenas quem ganha acima de dez salários mínimos por mês; apenas quem tem curso superior. E também pode cruzar essas variáveis para reduzir mais o grupo: talvez seu alvo sejam as mulheres de ascendência japonesa com idade entre 30 e 40 anos e formação universitária e com renda mensal acima de dez salários mínimos. Os principais elementos definidores são classe socioeconômica (renda), sexo, idade, grupo étnico e escolaridade.
- **Segmentação geográfica**. É a mais simples. Você atende só os habitantes do bairro de Santa Tereza, no Rio de Janeiro. Ou apenas quem nasceu e mora na cidade de Guaraqueçaba, no Paraná. Também é usual combinar dados demográficos e geográficos – por exemplo, o alvo podem ser os brasileiros descendentes de japoneses moradores de Boston, Massachusetts, nos Estados Unidos.

Há muitos casos em que esses dois tipos de recortes são efetivos, mas existem situações em que se mostram insuficientes.

- **Segmentação pelo comportamento**. Kotler observa, com propriedade, que mesmo um grupo como o que citei – de mulheres nisseis de 30 a 40 anos de mesma renda, formação e que moram no mesmo lugar – é composto por pessoas inteiramente distintas, com enorme variedade de necessidades, preferências e valores. O produto que encanta uma, portanto, não necessariamente serve para a outra. A solução para isso pode ser a segmentação psicográfica, que leva em conta os perfis comportamentais das pessoas. Os exemplos reais explicam melhor. No Brasil, quem compra roupas na butique Daslu não está buscando roupa, mas reconhecimento social. Nos Estados Unidos, quem compra lingerie Victoria Secret não procura lingerie, e sim sedução.

Eu aprendi na pele a importância da segmentação por comportamento. Em 1983, fui contratado para montar uma *trading company* no sul do País. Entre seus produtos estavam linhas para tricô, crochê e bordado e seus principais mercados eram os países da América do Sul, países pobres onde era necessário fazer a própria roupa para controle do orçamento doméstico. Não é que eu descobri que os maiores mercados mundiais para esses produtos eram países ricos como Alemanha, Holanda, Itália e Inglaterra? Por quê? Neles havia o hábito do tricô e do crochê, embora não a necessidade de fazer roupa. No rigoroso inverno da região, muitas pessoas passavam longas horas dentro de casa tricotando.

Kotler propõe ainda que se dividam os consumidores por segmento levando em conta suas necessidades e expectativas de benefícios. Por exemplo, no mercado de computadores para empresas, os segmentos poderiam ser os setores a que pertencem essas empresas, como bancos, seguros, hotéis, telecomunicações.

- **Segmentação pela abertura a novidades**. Esse é um tipo de segmentação interessante para empresas inovadoras, que lançam novos produtos ou serviços com alguma regularidade. Um estudo da Arthur D. Little separou a população mundial em quatro macrossegmentos conforme a receptividade a novidades: os inovadores sempre estão procurando novos produtos em um mercado específico e querem o que é rápido e fácil de usar – normalmente representam entre 5% a 10% da população total considerada; os pragmáticos se disporão a comprar qualquer produto novo se acreditarem que sua relação custo-benefício é justa – também lhes atrai o padrão comum e a maior base instalada; os conservadores compram apenas produtos e marcas estabelecidos; os retardatários relutam em comprar qualquer produto novo, por medo (de tecnologia ou da aparência diferente, por exemplo) ou por não estar no orçamento.

Porém, cuidado: essa segmentação pode exigir mais recortes. Os inovadores de tecnologia, por exemplo, são diferentes dos inovadores de moda, que se distinguem dos inovadores de destinos de viagem.

- **Segmentação pelo valor representado para a empresa**. Os especialistas em marketing Ben Shapiro e Don Peppers pregam que os clientes sejam agrupados segundo o valor que geram para a empresa, de modo que se possa priorizar os mais valiosos: os clientes de maior valor devem ser retidos a qualquer custo; para os clientes de maior potencial, a empresa deve conseguir aumentar as vendas que faz; os clientes com pouco valor atual e baixo potencial devem ter baixa prioridade; os clientes migrantes precisam ser mais pesquisados e compreendidos; e os clientes ruins não é tão importante manter – deixe-os ir embora.

Uma variação desse tipo de segmentação é a pauta pela satisfação e fidelidade do consumidor. Alexandre Mathias, da ESPM do Rio de Janeiro, propõe dividir os clientes em quatro tipos: apóstolo (satisfeito e fiel; gosta do produto, do serviço e das pessoas da empresa), refém (insatisfeito mas fiel, porque não vê outra opção), mercenário (satisfeito mas infiel, pois se guia principalmente por preço) e terrorista (insatisfeito e infiel; critica a empresa para todo mundo). Segundo Mathias, a empresa deve dirigir seus esforços ao apóstolo, para retê-lo, e ao terrorista, para que não arranhe a imagem do negócio.

"P" de Posicionar

Você chegou ao coração da estratégia. Posicionar significa ocupar no mercado um lugar muito bem definido. Posicionar garante que sua empresa seja "diferente" das concorrentes. Posicionar é ter um lugar único na mente dos consumidores.

Cruzando o conhecimento obtido pelas pesquisas e pela segmentação, você pode fazer seu posicionamento. Se eu quisesse simplificar bastante o posicionamento, diria que basta

A TEORIA, NA PRÁTICA, PELO ESTUDO DE CASO

A Chocolates Delícia Ltda. começou a implementar a estratégia de aumentar a produção – e as vendas – de suas três marcas num ritmo de 40% ao ano. O que ela fez?

- Com pesquisas que mesclavam observação e conversas nos pontos-de-venda, o sr. Emiliano confirmou que a marca tinha boa imagem entre os consumidores.
- Ela ratificou a segmentação demográfica já praticada, reforçando o foco nos consumidores das classes C e D.
- Também ratificou o posicionamento de seu chocolate como "o alimento que dá prazer e custa pouco", acrescentando "que é bom de comer a toda hora".
- Por fim, o sr. Emiliano convocou uma reunião com os gerentes de área, mostrou qual era o objetivo a atingir dali a quatro anos e o caminho para isso e pediu que todos colocassem essa estratégia em primeiro lugar e dessem *feedback* mensal.

responder a três perguntas: "O que vamos vender?", "Para quem vamos vender?" e "Como superamos ou evitamos a concorrência?" Veja as três respostas de uma padaria: "Funcionamento 24 horas", "Para o público do bairro, que inclui desde residências e empresas até bares e casas noturnas", "Pão fresco de hora em hora e café da manhã para depois da balada, o que nenhuma outra tem no raio de 2 quilômetros".

Mas eu não quero simplificar tanto assim. Existem várias maneiras de posicionar uma empresa no mercado e todas funcionam; você pode escolher qualquer uma delas. Descreverei a seguir as mais importantes.

- **O que dizem os pioneiros**. Jack Trout e Al Ries foram os primeiros a levantar a lebre do posicionamento. Eles perceberam que era preciso "instalar-se" na mente do consumidor para depois conquistar seu bolso. Para conseguir isso, um produto tinha de mandar uma mensagem clara a seu público.

  Um dos exemplos preferidos de mensagem clara da dupla é o Volvo, carro que se associou como nenhum outro à idéia de segurança. Os outros carros podem ser os mais velozes, os mais bonitos, os mais baratos, porém, até hoje, só o Volvo capitalizou a imagem de "o mais seguro". No Brasil, temos vários exemplos similares: "OMO lava mais branco", "Bombril tem 1.001 utilidades", "Havaianas: não deformam, não soltam as tiras, não têm cheiro". Escolhi exemplos mais antigos de propósito, para você perceber como bons posicionamentos perduram.

  Quando formularam sua teoria, no entanto, Trout e Ries apontaram como principal ferramenta de construção de posicionamento a publicidade na grande mídia. Mais tarde, especialistas de marketing como David Aaker e o próprio Kotler acrescentaram que atividades de relações públicas, assessoria de imprensa e patrocínio de eventos também constroem posicionamentos e marcas. Veio o marketing epidêmico, ou viral, e isso ficou mais evidente ainda. E eis que temos uma versão Internet do posicionamento: na rede mundial de computadores, posicionar-se significa estar entre as três primeiras entradas do sistema de busca Google.

Trout voltou ao tema do posicionamento recentemente dando outro nome ao boi: diferenciação.

- **O que diz Michael Porter**. Para Porter, estratégia é posicionamento. Ponto. E posicionamento é ser diferente dos concorrentes. Pergunte-se o que fulano faz diferente de todo mundo em termos de preço ou qualidade de produto/serviço e você saberá qual é sua estratégia.

Mas, enquanto Trout e Ries afirmam que o importante é ser percebido como diferente pelo consumidor, Porter manda que sejamos diferentes mesmo, para que ninguém consiga nos imitar. Devemos desenhar todas as nossas atividades de forma diferente, da produção à cadeia logística. E, segundo Porter, mesmo *commodities* podem ser diferentes. As empresas que comercializam *commodities* podem diferenciar-se ao oferecer serviços adicionais aos clientes, como financiamento, ou podem transformá-las em não-*commodities* – por exemplo, produtores de soja extraem a proteína dos grãos de soja e a vendem à indústria farmacêutica.

- **A fórmula de Geoffrey Moore**. Como responder a perguntas é uma excelente forma de organizar o pensamento e fazer descobertas, cito aqui a fórmula de posicionamento de Moore. Você deve responder: para quais consumidores é direcionado o seu produto (ou serviço); qual a insatisfação desses consumidores que os levará a comprar o seu produto; que nova categoria o produto cria; qual a capacidade-chave que fornece; essa capacidade o diferencia de qual concorrente; e quais são os recursos do produto que o tornam "amigável".

Um bom exemplo é o guia de viagens de fim de semana encontrado na cidade de São Paulo intitulado *Fuja no fim de semana*, que usou a fórmula de Geoffrey para posicionar-se. O produto é para paulistanos insatisfeitos com a idéia de passar o fim de semana na capital. Ele cria a categoria dos guias de viagens curtas. A capacidade-chave do *Fuja* é relacionar, em duzentas cidades razoavelmente próximas da capital, atrações que os paulistanos nem sabiam existir.

Isso o torna diferente de seus principais concorrentes, que são guias de foco mais amplo – abrangem todo o País, por exemplo – e se concentram mais na seleção de hotéis e restaurantes do que nas atrações. Os recursos que facilitam seu uso são a possibilidade de selecionar o destino tanto pela cidade como pelo tipo de programa desejado (ecoturismo, turismo rural, museus, folclore etc.) e um papel melhor, que o torna mais resistente ao uso semanal e permite utilizar mais fotos.

- **Um exemplo internacional**. Um dos mais famosos casos de posicionamento da história da administração de negócios aconteceu com a General Electric, corporação gigantesca que fabrica desde geradores de energia até lâmpadas, passando por locomotivas, motores de avião, lavadoras de louça, refrigeradores... e a lista continua. Além disso, controla a rede de TV norte-americana NBC e o banco de investimentos GE Capital.

Jack Welch, que a presidiu entre 1981 e 2001, determinou que a empresa atuaria somente em mercados nos quais ela ocupasse o primeiro ou o segundo lugar. Por conta disso, foram vendidas divisões no valor de US$ 10 bilhões e adquiridas outras companhias que somaram US$ 19 bilhões.

O posicionamento virou quase um dogma. Mais tarde, o próprio Welch admitiu que esse posicionamento se esgotou. Porém, isso tornou a GE a empresa de maior valor do mercado mundial.

- **Um exemplo nacional**. Um dos mais famosos casos de posicionamento ou, poderíamos dizer, de reposicionamento, do Brasil aconteceu no fim da década de 1980 com o canal de televisão SBT. Depois de dois anos de preparação em que foi definido como objetivo aumentar a verba publicitária e feitos os trabalhos de pesquisa e segmentação, a emissora de Silvio Santos posicionou-se como dona da "liderança absoluta do segundo lugar" de audiência. Para tanto, investiu em programas de maior qualidade, como o "Programa Livre" de Serginho Groissman, o talk-show "Jô Onze e Meia" e atraiu profissionais de jornalismo como Bóris Casoy e Hermano Henning.

Com isso, saltou para 15% de participação no bolo publicitário. O SBT ingressou nos anos 90 com um faturamento publicitário de quase US$ 140 milhões.

- **Um exemplo pessoal**. Eu também criei um posicionamento como palestrante: passar conteúdo temperando-o com elementos lúdicos, falar sobre teoria e sobre prática também.

Como cheguei a isso? Percebi que há no mercado brasileiro de palestras sobre gestão dois tipos bem distintos de palestrantes: os mais focados em divertir – e motivar – suas audiências e aqueles mais eruditos, com mais conteúdo. Notei ainda que uns apresentam principalmente receitas de como fazer as coisas, enquanto outros se concentram na reflexão. Por fim, percebi que os primeiros quase sempre recebem mais convites para fazer palestras que os segundos, pelo menos enquanto estão "na moda".

Do ponto de vista da platéia, por sua vez, observei que não é tão homogênea assim. Em geral, numa mesma sala, há públicos de todos os tipos – os que querem o show, os que querem o conteúdo, os que aprendem mais com as reflexões e os que buscam receita de bolo.

Com esses dados em mãos, procurei ser um palestrante diferente. Nem melhor, nem maior, nem mais caro ou mais barato. Apenas diferente, como manda Michael Porter. Resultado: tenho clientes extremamente fiéis. Mais de 50% deles são os mesmos todos os anos.

"P" de Priorizar

Definido o posicionamento que levará sua empresa até o ponto B, é hora de estabelecer as prioridades que guiarão a execução da estratégia (*desenvolvida no Capítulo 5*). Não vou me alongar muito aqui, porque a idéia de priorizar é a mais fácil de entender – embora, para muitos, seja a mais difícil de aplicar.

Priorizar não tem segredo. É decidir o que vem antes, tanto na linha do tempo como na fila dos recursos. O desafio está em tomar essas decisões. Existem duas ferramentas para nos ajudar: a matriz da administração do tempo de Stephen Covey e o Balanced Scorecard.

A matriz de Covey, que é o autor do best-seller *Os 7 hábitos das pessoas altamente eficazes*, nos faz avaliar todas as nossas ações de acordo com sua urgência e importância.

Segundo Covey, a empresa deve dedicar a maior parte de seu tempo e de seus recursos ao que cai no quadrante

	URGENTE	SEM URGÊNCIA
IMPORTANTE	✓ Crises ✓ Problemas prementes ✓ Projetos com data definida	✓ Prevenção ✓ Atividades relativas à capacidade de produção ✓ Desenvolvimento de relacionamentos ✓ Identificação de novas oportunidades ✓ Planejamento ✓ Lazer
SEM IMPORTÂNCIA	✓ Telefonemas ✓ Relatórios ✓ E-mails e correspondências ✓ Algumas reuniões ✓ Próximas questões prementes	✓ Pequenas tarefas ✓ Algumas correspondências ✓ Alguns telefonemas ✓ Passatempos ✓ Atividades que sejam apenas agradáveis

Fonte: Stephen Covey

mais urgente e mais importante. A estratégia sempre é classificada como mais importante, porém só em algumas circunstâncias ela entra na categoria de mais urgente também. Tendo isso em mente, você e sua equipe devem decidir o que querem fazer em quanto tempo e com quantos recursos (dinheiro, pessoas etc.).

O Balanced Scorecard, por sua vez, tem como grande trunfo a priorização. Ele traduz a estratégia abstrata em prioridades claras e as relaciona com resultados estratégicos tangíveis que a empresa e seus funcionários precisam buscar. Se sua empresa puder usar o Balanced Scorecard, deve fazê-lo.

Atenção: a mensagem de que é preciso priorizar a estratégia deve ser claramente transmitida aos gerentes das várias áreas da empresa. De preferência, marque uma reunião em que o dirigente em pessoa apresente o ponto A e seus seis

Cs, o ponto B projetado e os quatro Ps estratégicos. Cada uma das áreas tem de ser incumbida de fazer as conquistas necessárias em determinado prazo.

Os *trade-offs*

Deixei para o fim esse conceito porque ele é o pulo do gato dos quatro Ps estratégicos. Seu grande difusor é Michael Porter. "*Trade-off*", em inglês, quer dizer troca, concessão, o ato de abrir mão de alguma coisa. Para Porter, não existe estratégia sem *trade-off*, e eu concordo plenamente. Para obter uma vantagem competitiva, temos de abrir mão de algo.

Um exemplo clássico na indústria automobilística é a relação consumo × performance. Quanto maior for a performance de um carro, maior será seu consumo de combustível. Ou seja, para produzir um automóvel de alta performance, sacrifica-se seu potencial de economizar combustível. E para produzir um carro econômico, popular, sacrifica-se a performance. Trata-se de fazer escolhas. Prepare-se: em sua empresa, você também terá de fazer escolhas.

Vejamos os exemplos que trabalhamos neste capítulo, a começar por Bill Cosby. Pode-se dizer que ele abriu mão dos brancos para pôr o foco nos negros. Não tentou agradar a todos.

O *trade-off* da General Electric foi sair de vários mercados, alguns bem promissores, como o de televisores e eletrodomésticos leves. O *trade-off* do SBT foi de audiência: verificou-se um decréscimo na sua participação em audiência, que caiu para 22%. O *trade-off* do guia *Fuja no fim de semana* foi, por conta do papel de melhor qualidade, ter distribuição mais limitada, em livrarias e lojas de conveniência, em vez de bancas de jornais. O *trade-off* do palestrante Carlos Alberto Júlio foi o de abrir mão de palestras meramente motivacionais e ocupar a posição de palestrante de conteúdo, multitemas, ligados a gestão e negócios.

A organização guiada pela estratégia

Ai, ai, ai. Tudo estava correndo tão bem, não é? Até eu falar, *en passant*, que todos na empresa precisam comprar a estratégia. Aí baixou aquele pavor de *empowerment*, democracia organizacional, Ricardo Semler etc.

FAZEJAMENTO

A estratégia precisa ser transformada em documento com um texto simples, direto e sintético. Além de registrar o combinado para dirimir eventuais dúvidas, assim ela motivará e treinará os funcionários, permitirá a análise de acertos e erros, e facilitará um eventual replanejamento.

Nesse ponto, a estratégia deixa de ser apenas um projeto. Ela passa a ser a tradução do estilo de gerir, de crescer e de fazer negócios da empresa.

Como fazer isso? Não existe uma receita única. Você pode, por exemplo, preparar um texto de apresentação de, no máximo, vinte páginas, talvez na forma de perguntas e respostas, e resumi-lo na representação gráfica sugerida neste capítulo. A vantagem dessa figura é incluir o ponto A, o ponto B, os seis Cs, os quatro Ps estratégicos e os operacionais (*que serão detalhados no próximo capítulo*).

Você também deve fazer uma versão no programa PowerPoint ou equivalente, para apresentação.

Para ser mais persuasivo, acrescente no documento a ferramenta de Missão/Visão (*Capítulo 9*) e cite casos específicos em que a empresa perdeu clientes em função da ausência de estratégia (ou em que os concorrentes venceram).

Desculpe, mas essa eu não posso "aliviar" para você. Pelo menos os funcionários de linha de frente e aqueles que geram resultados têm de entender a estratégia da empresa. O filósofo Mário Sérgio Cortella cita uma frase do escritor italiano Luciano di Crescenzo que explica por quê: "Seres humanos são anjos de uma asa só; para voar, um tem de grudar no outro". E, para que a estratégia seja executada, um tem de grudar no outro também.

No entanto, "espalhar" a estratégia é mais fácil do que parece. Eis algumas dicas:

- Assegure que todos saibam que a estratégia é de alta prioridade para o dirigente da empresa. Inclusive ele mesmo.
- Embora a equipe encarregada de planejar a estratégia deva limitar-se a dez pessoas (*Capítulo 10*), essas pessoas devem, no intervalo entre as reuniões, compartilhar o que está sendo discutido com as outras pessoas pertinentes a cada área e colher suas dúvidas e sugestões. Ou seja, muitos dos outros precisam estar envolvidos desde o início.
- Depois de definida a estratégia, coloque-a no papel. Sugiro que use também uma linguagem visual, como a proposta a seguir.

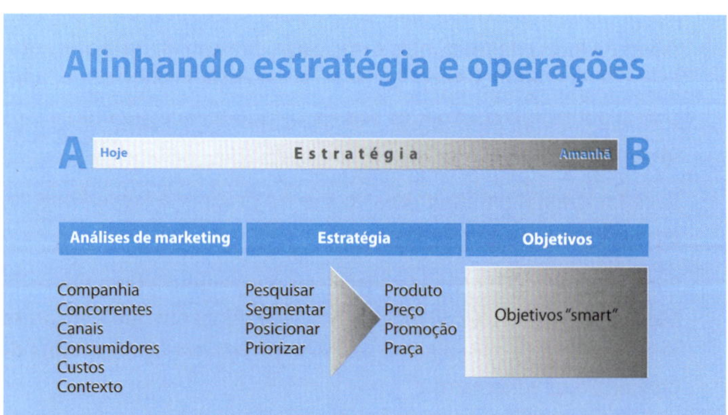

- Garanta que o dirigente em pessoa apresente a estratégia a todas as partes interessadas, incluindo fornecedores, canais e clientes e invista nisso o tempo necessário. A apresentação deve repetir-se sempre que for preciso.
- Além da apresentação, entregue às pessoas uma cópia impressa e em formato fácil de consultar. A estratégia deve poder ser relida a todo momento.
- Essas cópias podem variar de conteúdo. Como advoga Howard Muson, autor do livro *Managing Growth: Smart Strategies for Smaller and Midsized Companies*, "a diretoria e os altos executivos precisam ter uma visão integral do planejamento, enquanto os funcionários de níveis hierárquicos inferiores talvez só tenham de receber um resumo dos objetivos e uma lista dos componentes do planejamento que sejam relevantes à sua função".
- Cada pequeno resultado da estratégia deve ser apresentado a todos e comemorado, com os devidos méritos atribuídos.

Tudo isso é muito importante. A revista norte-americana *Fortune* publicou que menos de 10% das estratégias empresariais são efetivamente executadas. O Capítulo 5 tratará justamente sobre execução.

5

E como fica isso no dia-a-dia?

Execute. Amarre a estratégia com ações práticas

- os quatro Ps operacionais
- a execução segundo Ram Charan
- o plano de metas

Na Copa do Mundo de 1974, a seleção da Holanda era a franca favorita ao título. Seu técnico, Rinus Michels, criou a inovadora estratégia do "futebol total", segundo a qual os jogadores não tinham posição fixa. Mesmo sem a bola, eles se movimentavam com velocidade para confundir os adversários, cada um executando várias funções no time. Para conseguir implementar essa estratégia, Michels contava com jogadores espetaculares, do calibre de Johan Cruyff. Além de muito bem preparados fisicamente, mostravam inteligência e versatilidade superiores à média. O diferencial não era só o ataque; a defesa também. Eles combinavam marcação sob pressão – vários jogadores partiam para cima de quem tinha a bola – e eficiência para fazer a linha de impedimento.

Apelidado de "Laranja Mecânica" e "Carrossel Holandês", o time de uniforme cor-de-laranja encantou o mundo naquela Copa, durante a qual sofreu apenas três gols, sendo um para valer (um foi contra e outro, pênalti). Passou com facilidade até pelos brasileiros, com dois gols.

Na final contra a Alemanha, a Holanda fez 1 × 0 no primeiro minuto da partida. Mas, então, aconteceu o imprevisto. Subestimando a capacidade de reação do time alemão, que jogava em casa, a Holanda relaxou. E, ainda no primeiro tempo, a Alemanha virou o placar, marcando dois gols, um de pênalti. Mesmo reorganizada no segundo tempo, a Holanda não conseguiu recuperar o terreno perdido.

O anticlímax da história resume para o leitor a essência deste capítulo. A Holanda foi brilhante tanto na elaboração da estratégia como na execução, mas não o tempo todo. A execução – leia-se, operação – tem de ser garantida o tempo todo. Ela é tão importante que pode pôr tudo a perder numa fração de segundo. E não é que o adversário tenha derrotado você. Foi você mesmo que se derrubou, entregue à própria sorte.

Regra de Ouro nº 5

No Carrossel Holandês de 1974 fui encontrar nossa quinta regra: Amarre a estratégia com ações práticas.

No mundo das empresas acontece exatamente a mesma coisa. A empresa sem um plano estratégico é facilmente batida pela concorrência. Mas a empresa incapaz de executar a estratégia – mesmo que por um curto período de tempo – boicota a si mesma e deixa a sorte decidir quem vai vencer.

Os quatro Ps operacionais

Agora é o momento de colocar a estratégia em operação. Preciso definir basicamente o que fazer com meu produto, meu preço, minha comunicação (promoção) e minha distribuição (praça). Esses quatro elementos ficaram conhecidos como "os quatro Ps operacionais" e foram concebidos por Jerome McCarthy, embora amplamente difundidos por Philip Kotler.

A maioria das empresas brasileiras, especialmente as de médio e pequeno porte, compete somente com base nesses Ps operacionais – que são o bê-á-bá do marketing, diga-se de passagem. Se a carapuça serviu à sua companhia, você vai se sentir em casa neste capítulo.

No entanto, aqui os Ps operacionais tomam um sentido completamente diferente. Não ocorrem grandes reuniões e debates para defini-los. Eles são guiados pelos Ps estratégicos do capítulo anterior. Tudo já está definido, basta executar. Sem os Ps estratégicos, os Ps operacionais funcionam como biruta de aeroporto: para onde o vento vai, eles vão.

Tenho três comentários importantes a fazer antes de você mergulhar no conteúdo a seguir. Os Ps estratégicos devem ser revisitados sempre que necessário para reprogramarem os Ps operacionais. A execução tem de ser, sobretudo, simples, até para que seja participativa e mensurável. E minha recomendação é que você invista a maior parte do seu tempo na execução, na proporção de 90/10. (Mas os 10% de tempo dedicados à estratégia precisam ser preservados a todo custo, OK?)

Um exemplo de empresa brasileira que sabe trabalhar com maestria os quatro Ps operacionais a partir dos Ps estratégicos é a varejista Casas Bahia. Foi por conta dessa habilidade que a rede de lojas conseguiu penetrar com sucesso no mercado voltado para as classes C, D e E, mercado que movimenta algo em torno de R$ 400 bilhões por ano.

O modelo de negócio das Casas Bahia é, em grande parte, resultante de seus quatro Ps estratégicos: pesquisa (a empresa tem uma profunda compreensão das necessidades de seus clientes), segmentação (classes C, D e E), posicionamento (ela é a rede de lojas por excelência do público de mais baixa renda) e priorização (sua prioridade é viabilizar o acesso desses consumidores a seus produtos). Tais Ps estratégicos orientam, por sua vez, os quatro Ps operacionais das Casas Bahia:

"P" de Produto

Os produtos populares são um dos grandes trunfos das Casas Bahia. Por isso mesmo, a rede colhe seus melhores frutos com a venda de móveis, que ela própria fabrica. Quando percebeu, por exemplo, que a maioria dos clientes não tinha condições de comprar um dormitório completo, as Casas Bahia ofereceram-lhes a possibilidade de vender separadamente a cama ou o armário. O tamanho dos móveis também é pensado para residências pequenas.

"P" de Preço

Manter preços acessíveis a seu público, padronizados em todas as lojas, é outra diretriz crucial das Casas Bahia. Por isso, a empresa não aceita pressões isoladas por reajustes de preço. Nesse caso, as encomendas desse fornecedor determinado são interrompidas, e os pedidos redirecionados.

Além de preços acessíveis, o crédito faz com que o sonho de produtos antes distantes dos consumidores de baixa renda possa ser realizado. O objetivo é facilitar a compra e ao mesmo tempo fazer com que o consumidor esteja sempre circulando pela loja – afinal, os carnês somente podem ser pagos nas lojas da rede, não em bancos.

Para garantir a viabilidade da combinação de preço baixo e crédito fácil, a massificação dos volumes é de suma importância.

"P" de Comunicação

A propaganda é a alma do negócio – pelo menos deste negócio. Nenhum novo produto é lançado pelas fábricas de móveis sem que uma campanha seja planejada para acompanhá-lo. E essa campanha muito provavelmente incluirá anúncios de televisão. A observação dos consumidores e dos vendedores nas lojas alimenta as campanhas. O *slogan* "Quer pagar quanto?", exaustivamente repetido na televisão, foi criado instintivamente por um vendedor.

"P" de Distribuição

Qualquer um que observe a frota de caminhões das Casas Bahia deixando seu gigantesco centro de distribuição, na rodovia dos Bandeirantes, em São Paulo, rumo à casa dos consumidores, não pode deixar de se impressionar. Toda a entrega das lojas é feita por meio de frota própria, sem terceirizados. Esse é um componente fundamental para a satisfação e fidelização do cliente. Por quê? Somente o pessoal próprio pode garantir que o sonho do cliente seja efetivamente realizado – não apenas entregando o produto na porta, mas colocando-o dentro da casa. Ou seja, se o fogão dos sonhos da dona Maria não passou na porta de sua casa, o funcionário das Casas Bahia dará um jeito para que entre por outro lugar.

Além disso, as Casas Bahia contam com um gigantesco centro de distribuição, garantindo estoques acima dos da concorrência.

A execução segundo Ram Charan

O grande especialista mundial em execução é Ram Charan. Assisti a um seminário dele em 2004, que muito me impressionou, e repasso ao leitor suas principais orientações para uma execução bem-sucedida. (Detalhe: Charan foi o guru de ninguém menos que Jack Welch, o lendário executivo que transformou a General Electric na empresa mais valiosa do planeta.)

- Diz Charan que todos nós precisamos aprender a "calcular" a execução e aumentar seu retorno continuamente. A conta é simples: **Retorno = Margem × Velocidade** (número de vezes que o estoque gira num ano).
- Segundo Charan, essa é a conta que explica o sucesso da Dell Computer. A Dell passou de uma margem de 3% e de uma velocidade de 9 em 1994 para a mesma margem de 3%, mas uma velocidade de 115 em 2004. O retorno subiu mais de 1000%! E sua próxima meta é aumentar a velocidade para 300.
- Sabe como a Dell atingiu essa velocidade? Charan explica que ela segue muito bem os quatro princípios da execu-

AUTO-AVALIAÇÃO

- Responda com sinceridade: seus Ps operacionais são como biruta de aeroporto?
- Faça a conta proposta por Charan e veja a quantas anda o retorno de sua execução.
- Avalie: dá para melhorar esse retorno?
- Analise sem pudores se sua empresa possui os princípios e os blocos construtivos da execução. Sim ou não?

ção: 1) permite os conflitos entre seus funcionários, o que a leva sempre a encontrar uma terceira solução mais consensual e poderosa; 2) estimula o bom relacionamento entre chefes e subordinados, para que os primeiros treinem os segundos; 3) sincroniza a equipe; 4) certifica-se de que todos pratiquem muito.

- Eu acrescentaria que o que ajuda os estoques da Dell a girar tanto são os Ps operacionais bem ajustados, guiados por Ps estratégicos de primeira linha. Como seu posicionamento é o de menor preço baseado em escala e estoque zero de produtos finais, eles sabem exatamente o que querem e como chegar lá.
- Charan descreve, além dos princípios, os blocos construtivos de uma empresa executora: 1) ter prioridades absolutamente definidas; 2) estar em sintonia com as mudanças externas à empresa; 3) ter as pessoas certas nos lugares certos; 4) saber simplificar as coisas para comunicá-las melhor e disseminar a idéia de que cada um é responsável pelos resultados. Tem tudo a ver com o que escrevo neste livro, não tem?

A TEORIA, NA PRÁTICA, PELO ESTUDO DE CASO

Depois que a Chocolates Delícia respondeu a todas as perguntas relativas aos Ps estratégicos, era hora de definir como seria a execução no dia-a-dia por meio dos Ps operacionais.

Então, o sr. Emiliano convocou gerentes das várias áreas da empresa para apresentar, agora oficialmente, o objetivo para os próximos quatro anos e a estratégia para chegar lá. E pediu que cada área convertesse a estratégia em ações e o objetivo em metas específicas de aumento de vendas. Os departamentos foram instruídos a fazer isso respondendo às seguintes perguntas:

1) De acordo com a estratégia definida, precisamos lançar novos produtos e descontinuar alguns?

Não. Vamos manter as mesmas três marcas de chocolate, conforme já determinamos na definição de nossos objetivos, o ponto B.

2) É necessário reduzir os preços para aumentar as vendas?

Sim, porque temos de aumentar substancialmente as unidades vendidas. Vamos ter um ganho de escala com o aumento da produção que deve ser repassado integralmente ao preço, já que nossa meta é dobrar a produção em quatro anos.

3) Precisamos mudar algo nas praças que atendemos ou em relação aos nossos distribuidores?

Nas capitais, podemos investir mais nas grandes lojas que abastecem os vendedores ambulantes. É preciso também aumentar nossa penetração no interior do Rio Grande do Sul, oferecendo mais material de divulgação e melhores condições de pagamento aos distribuidores que atuam nessa região. Afinal, lá é comum a produção de chocolate artesanal.

4) Nosso mix de promoção/comunicação se mantém inalterado ou há algo a mudar?

Aqui há duas iniciativas imediatas. Temos de aumentar as promoções em ponto-de-venda, com sorteios de eletrodomésticos portáteis. E também temos de criar uma nova embalagem tamanho família, que reúna quatro barras de chocolate, em resposta ao desejo dos nossos consumidores.

Dessas respostas saíram os números. Estavam prontos os planos de metas de cada área da Chocolates Delícia. Mais tarde, esses planos seriam consolidados para facilitar o controle.

- O mestre da execução enfatiza ainda que uma característica fundamental dos líderes de uma empresa executora é fazer perguntas o tempo todo, pois é assim que se evolui.
- Quero incluir um adendo às idéias de Charan: para executar bem é preciso ter um ótimo relacionamento com os parceiros – não só funcionários, mas fornecedores e distribuidores também. Essa idéia está no último livro de Philip Kotler, *Os 10 pecados mortais do marketing*: segundo o mestre, até pouco tempo atrás a empresa acreditava que somente poderia sair ganhando se pagasse menos a seus parceiros – funcionários, fornecedores, distribuidores. Era o pensamento do tipo "soma zero". "Hoje já crescem as evidências de que seus resultados econômicos podem variar muito dependendo do modo como seus parceiros são tratados", escreve Kotler. Além de remunerar bem os parceiros, a empresa deve trocar mais informações e confidências com eles, estabelecendo o tão essencial clima de confiança.

Planos de metas

Imagine que um fabricante de escovas de dente decidiu, a partir dos Ps estratégicos de segmentação e de priorização, investir nos consumidores de classes A e B. Ele sabe que esses consumidores seguem à risca o que mandam os dentistas e trocam de escova todo mês, ainda que a contragosto.

A empresa tomou duas ações relativas ao "P" operacional de produto: 1) contratou um laboratório para desenvolver uma cerda mais resistente que permita às escovas durar três meses em condições adequadas, e não apenas um mês; e 2) escolheu um fornecedor único para fabricar as cerdas, com quem fecha uma relação de exclusividade, em vez de continuar trabalhando com vários fornecedores.

FAZEJAMENTO

Você tem de pegar os Ps estratégicos, transformá-los em Ps operacionais e desenhar um plano de metas.

Mas, além disso, você precisa preparar seu pessoal para a operação. Segundo Ram Charan, o que torna uma empresa boa executora é a mesma coisa que torna um time de futebol vencedor.

Não sei se esta história é verdade ou lenda. Mas preste muita atenção nela.

Na Copa de 1958, o técnico da seleção brasileira Vicente Feola também tinha uma ótima estratégia. Ele aplicava direitinho a regra dos seis Cs (contava até com um olheiro para analisar os concorrentes) e explicava em detalhes aos jogadores como os equivalentes futebolísticos dos quatro Ps estratégicos se converteriam em operação. Numa das orientações ao time, Feola teria dito: "Zito pega a bola na intermediária, chuta para Didi e este para Garrincha, que corre para a linha de fundo e cruza para Vavá fazer o gol".

Então, Garrincha teria perguntado: "Sêo Feola: isso está combinado com o João?" ("João" era o nome que Garrincha dava a todos os seus marcadores.) Não estava. Mesmo assim, Garrincha e seus companheiros driblaram os marcadores e levaram o Brasil a erguer a taça Jules Rimet pela primeira vez.

Também fora dos estádios, a estratégia da sua empresa não está combinada com o João. Por isso, para conseguir executá-la, você precisa transformar seus funcionários em Garrinchas. Em se tratando de execução de estratégia, todo mundo tem de ser Mané Garrincha.

No "P" de distribuição, determinou que essa escova seria vendida somente em farmácias. No "P" de preço, estipulou um preço de produto *premium*, 30% mais caro do que a mais cara das outras escovas do mercado. No "P" de comunicação, resolveu fazer campanha apenas na mídia impressa dirigida ao público das classes A e B.

Definidos os Ps operacionais, eles devem ser traduzidos em metas mensuráveis que possam ser controladas. Essas metas sempre devem ter datas e, quando possível, números:

- até 10 de março de 2005: a etapa de desenvolvimento das cerdas deve encerrar-se.
- até 15 de abril de 2005: o fornecedor escolhido deve fechar o contrato que rege seu relacionamento.
- até 10 de julho de 2005: a nova escova deve estar produzida.
- até 10 de agosto de 2005: fazer o teste da nova escova com um grupo de consumidores.
- em 10 de dezembro de 2005: lançar a nova escova no mercado teste de Curitiba com uma produção inicial de duzentas mil unidades. Deixar a área de produção preparada para renovar esse estoque mês a mês.
- em 31 de janeiro de 2006: negociar o novo produto com as principais redes de farmácia do Brasil.
- em 4 de março de 2006: lançar a nova escova nacionalmente, por meio de vinte grandes distribuidores e grandes redes de farmácia, com uma produção de três milhões de unidades. Deixar a área de produção preparada para renovar esse estoque mês a mês.
- em 6 de junho de 2006: iniciar a campanha na mídia impressa, com teto de investimento de R$ 1 milhão no ano de 2006.

O ideal é que haja pelo menos dois responsáveis pelo controle desse plano de metas, que será abordado no Capítulo 6 – um encarregado fica muito solitário; dois podem trocar idéias e motivar-se um ao outro.

6

E se eu sair da linha?

Controle é fundamental. O tempo todo:

- caminho 1 × caminho 2 × caminho 3
- monitoramento/mensuração
- capacidade de resposta
- empresas lentas e rápidas

"Houston, we have a problem." Quem vai ao cinema regularmente ou é assíduo espectador de filmes na TV já deve ter ouvido essa frase. Na vida real, ela ficou famosa ao ser falada no dia 13 de abril de 1970, e seu destinatário era um homem chamado Gene Kranz, profissional da NASA que chefiou a equipe de controle de terra da Apollo 13, missão de ida à Lua. Dois dias depois de um bem-sucedido lançamento, o tanque de oxigênio da nave explodiu. Isso tornou o pouso lunar impossível e transformou numa odisséia o retorno de seus três astronautas à Terra.

O filme *Apollo* 13 contou essa história. Se você o viu, talvez se lembre mais do comandante Jim Lovell, personagem de Tom Hanks. Mas o verdadeiro herói da história foi Kranz, magistralmente interpretado pelo ator Ed Harris. Foi ele – junto com sua equipe – que conseguiu trazer a tripulação sã e salva para casa. E o controle que ele exerceu no caso da Apollo 13 – e também nos casos da pioneira Apollo 11 e da derradeira Apollo 17 – tem tudo a ver com o controle de que tratamos neste capítulo.

O tanque de oxigênio do foguete explodiu por um motivo inexplicável. E aí? O que Kranz fez? Não lamentou a má sorte, não culpou ninguém, nem foi procurar os projetistas para consertar o defeito. Ele sabia tudo sobre aquele sistema. E sabia que, embora o objetivo de pousar na Lua estivesse inviabilizado, o objetivo principal de completar a missão – simbolizado pela volta dos astronautas à Terra – podia ser preservado.

Kranz e sua equipe agiram. Começaram por transferir os tripulantes: eles passaram da nave que pousaria na Lua para a outra, a fim de aproveitar o que havia de oxigênio e energia na segunda. Mandaram desligar quase todos os sistemas para economizar energia, o que incluiu desligar o aquecimento (risco calculado, pois a tripulação quase congelou). Fizeram manobrar o foguete para o lado escuro da Lua, onde o contato por rádio ficou suspenso, também com o propósito de economizar energia e ganhar tempo. Improvisaram ainda um filtro de dióxido de carbono para evitar que a tripulação morresse asfixiada. E muito mais.

Regra de Ouro nº 6

Desse foguete espacial vem a nossa sexta regra dourada: Controle é fundamental. O tempo todo.

No dia 17 de abril de 1970, o módulo com os astronautas vivos caiu no oceano Pacífico. Pode-se dizer que a estratégia da NASA acabou sendo um sucesso, apesar da quase tragédia? Sim, sem dúvida! Pense bem: a nave comandada por Lovell tinha como estratégia ir da Terra à Lua, fazer uma paradinha ali e voltar para a Terra. Ela foi da Terra à Lua e retornou à Terra, sem a parada. Alterou-se um pouco o caminho, mas manteve-se o objetivo final, produzindo mais *know-how* tecnológico para os Estados Unidos.

A frase que ficou mais famosa no episódio da Apollo 13 foi "Houston, we have a problem", ou "Temos um problema". Porém, a frase que merecia ter ficado mais famosa, em minha opinião, foi outra, dita por Gene Kranz: "Failure is not an option", ou "Fracassar não é uma opção". Este é o espírito do controle estratégico por excelência.

O que Kranz e o pessoal do controle da missão Apollo 13 fizeram foi mudar o caminho para garantir que o objetivo final fosse alcançado. E é exatamente esse o papel do controle: garantir que o ponto B seja alcançado por um caminho 3 que pode ser mais longo e custoso do que o caminho 1 projetado pela estratégia, mas certamente será mais curto e econômico do que o caminho 2, aquele que seria percorrido sem a estratégia.

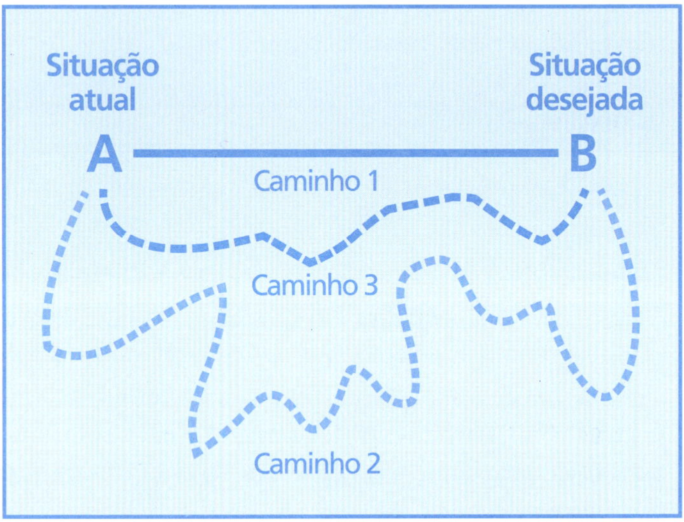

Isso pode ser mais bem compreendido visualmente, na figura que você encontra na orelha deste livro.

As duas frases que destaquei no episódio da Apollo 13 servem perfeitamente para ilustrar as duas respostas possíveis de uma empresa diante dos obstáculos que surgem à realização de sua estratégia. Numa resposta, enxerga-se apenas o problema; na outra, a ordem é controlá-lo para continuar perseguindo o objetivo. Infelizmente, é o espírito do problema, e não o do controle, que prevalece em muitas companhias.

Você dirá: com uma equipe competente como a da NASA, qualquer um faz o controle. Bobagem. Duas vezes bobagem.

1) Outras equipes da NASA já deram com os burros n'água, como bem se sabe.

2) Aquele era um problema gigante para uma equipe de gigantes. A equipe da sua empresa provavelmente é capaz de dar conta do problema da sua empresa.

Agora, que rufem os tambores; preciso fazer uma revelação bombástica. Todos nós, executivos e empresários, temos a mania de achar que o resultado de uma estratégia deve ser igual ao objetivo; é um erro. Raciocínio de matemático, com o perdão da crítica.

AUTO-AVALIAÇÃO

- Você tem um sistema eficiente para monitorar o cumprimento de metas?
- O que você pensa em fazer caso uma meta não seja cumprida?
- Você está preparado para rever os seis Cs, os quatro Ps estratégicos e os quatro Ps operacionais, se for preciso?
- Você está preparado para agir, dependendo dessas novas análises?
- Você e a sua equipe procuram ter um olhar otimista sobre as mudanças?

Estratégia não é equação. O resultado dificilmente é igual ao objetivo; pode ser maior ou menor. A probabilidade de eu planejar uma coisa e acontecer outra é alta, porque muitas mudanças ocorrem na fase da implementação (*releia a parte sobre variáveis incontroláveis do Capítulo 2*). Minha atitude sobre as mudanças é que vai determinar os desdobramentos. A regra aqui é simples: com um olhar otimista sobre a mudança, acharei boas oportunidades; com um olhar pessimista, só encontrarei problemas que tolherão minha iniciativa de encontrar novos caminhos para chegar ao ponto B.

A TEORIA, NA PRÁTICA, PELO ESTUDO DE CASO

Cada área da Chocolates Delícia Ltda. passou a mensurar suas metas. E cada vez que um conjunto de pequenas metas era cumprido, significava que o objetivo maior estava ficando mais próximo. A empresa cresceu no primeiro ano, cresceu no segundo ano, mas, no segundo trimestre do terceiro ano, o ritmo de crescimento começou a cair.

Deu-se o alerta numa reunião de diretoria. E abriu-se o debate: seria o preço? O mercado? Um novo concorrente? Graças a todo o processo de planejamento estratégico, foi facílimo detectar a causa da desaceleração; bastou repetir a análise dos seis Cs. Constatou-se que não houve mudança que justificasse a redução nos cinco primeiros Cs, mas o contexto parecia ter uma nova variável. A onda do culto ao corpo e a busca por uma alimentação menos calórica finalmente chegara às classes C e D. O chocolate passava de elemento de prazer a vilão da história.

A Delícia resolveu mudar um pouco a sua estratégia. Resolveu reduzir a produção da linha convencional e, aproveitando o fato de os fabricantes de aspartame fornecerem tecnologia gratuita, lançou quatro marcas de chocolate *diet*, uma para consumidores das classes A e B – que tradicionalmente são os primeiros a adotar inovações – e versões *light* das três habituais, para as classes C e D.

O sr. Emiliano pediu que a equipe de estratégia revisitasse os quatro Ps estratégicos e foi proposto um posicionamento específico para a linha *diet*: "o prazer de não engordar". A linha foi priorizada. Revisitaram também os Ps operacionais. Passou-se a vender chocolate nas portas das academias. Três meses depois, a empresa verificaria, na função controle, que estava sozinha no nicho *diet* e que seu crescimento passou a ser ainda mais rápido do que o planejado originalmente.

Findos os quatro anos, o mercado de chocolate como um todo deveria movimentar os mesmos R$400 milhões anuais (R$300 milhões do produto convencional e R$100 milhões do nicho *diet*), mas a Delícia projetava faturar mais – R$60 milhões por ano.

Veja agora o mapa estratégico completo da Delícia:

PONTO A	PONTO B	PONTO B MODIFICADO POR NOVO CONTEXTO	PONTO B APÓS CONTROLE E NOVA ESTRATÉGIA
Mercado: R$ 200 milhões	Mercado: R$ 400 milhões	Mercado: R$ 300 milhões	Mercado: R$ 300 milhões Nicho: R$ 100 milhões (*diet*)
Delícia: R$ 10 milhões	Delícia: R$ 40 milhões	Delícia: R$ 30 milhões	Delícia: R$ 60 milhões (R$ 30 milhões na linha normal e R$ 30 milhões na linha *diet*)
Participação: 5%	Participação: 10%	Participação: 10%	Participação: 10% (normal) e 30% (*diet*)
Produtos: 3	Produtos: 3	Produtos: 3	Produtos: 7

Então, por que devemos ter objetivos? Porque eles fazem as pessoas se mexerem. E, principalmente, porque nos permite mensurar os resultados e saber se estamos andando para a frente ou para trás.

Deixando o porquê de lado, como se faz o controle de uma estratégia de negócios?

Monitoramento/Mensuração

A maior virtude da estratégia é permitir que qualquer um, a qualquer momento, possa monitorar e medir o que está fazendo. A razão é simples: tendo estratégia e plano de metas, você já sabe qual é o resultado esperado em todas as suas iniciativas.

Você abaixou o preço desse produto? Foi porque as vendas devem aumentar 10%. Aumentou o preço daquele produto? Foi porque a rentabilidade não pode diminuir. Aumentou a verba de comunicação? Isso garantirá que as vendas desse produto aumentem 10%. Como você sabe o porquê das coisas, qualquer desenvolvimento diferente o fará ligar a sirene rapidamente.

Se a elaboração da estratégia tomou apenas de 5% a 10% de seu tempo, como deveria, o restante pode ser tranqüilamente consumido na operação. É aí que entra o controle. Há muito tempo disponível para o controle. E, havendo estratégia, o controle tomará menos tempo do que você imagina.

Quem deve controlar a estratégia? Todo mundo. Cada área da empresa deve ter uma pessoa formalmente responsável pelo controle, mas todos devem buscar fazê-lo se a estratégia tiver efetivamente "contaminado" o DNA da empresa.

E como se controla a estratégia? Com a ajuda de um software. Eu, pelo menos, faço isso: tenho um software que vai medindo meus resultados periodicamente e cruzando-os com as metas. Assim sei se estamos caminhando no ritmo projetado, muito devagar ou de forma acelerada. Essa mensuração pode ser diária, semanal, mensal, o que lhe for mais conveniente. O intervalo, contudo, não deve passar de um trimestre, senão fica difícil redesenhar o caminho.

Suponha que meu objetivo é percorrer oito passos em seis meses, com metas de um passo mensal. No primeiro mês, tinha de dar um passo, e dei; no segundo mês, mais outro passo, e dei. No terceiro mês, não dei nenhum passo e, no quarto mês, andei um passo para trás. Sinal amarelo: tenho de agir logo para recuperar o tempo perdido e chegar ao final do sexto mês com oito passos dados.

Acompanhe agora outro possível desenrolar dessa história. No primeiro mês, tinha de dar um passo, dei dois; no segundo mês, mais três passos. No terceiro mês, dois passos adicionais. Ainda estou entrando no quarto mês e falta só um passo para alcançar a meta de seis meses.

Capacidade de resposta

Quando depara com as situações como as que acabei de descrever, o que a maioria das empresas faz? Conforma-se com a realidade. No primeiro caso (de implementação mais lenta), a companhia traz o objetivo para mais perto, ajustando o objetivo ao problema. No segundo (de implementação mais rápida), relaxa, e o dirigente argumenta que seu pessoal já cumpriu o prometido.

Essas decisões não poderiam ser mais erradas! No primeiro caso, se a concorrência não fizer a mesma coisa, a empresa ficará em maus lençóis. No segundo caso, perderá a oportunidade de pegar um atalho e abrir uma boa vantagem sobre a concorrência. Seja como for, correrá um risco enorme de não manter a estratégia original.

FAZEJAMENTO

Meu conselho é um só neste capítulo: esforce-se para ser um Pelé em controle estratégico.

No Campeonato Paulista de 1964, Pelé, jogador do Santos Futebol Clube, ficou – se não me engano – seis partidas sem marcar. Com isso, o título de artilheiro do campeonato provavelmente pararia nos pés de um atacante do Corinthians.

Pelé reconheceu que estava distante de seu objetivo. No dia em que jogaria contra o Botafogo de Ribeirão Preto, acordou dizendo que assumiria a artilharia, segundo depoimento do goleiro santista Gilmar. Dito e feito. Num campo molhado de chuva, o Santos venceu o Botafogo por 11 x 0, a maior goleada da história do Campeonato Paulista. Dos 11 gols, Pelé fez 8 e tomou a dianteira na artilharia.

Pelé é a prova literal de que a melhor defesa é o ataque. E, em se tratando de controle estratégico, acho que todo mundo tem de ter atitude de Pelé. Todo mundo tem de ser Pelé (mesmo se for corintiano).

Quando percebemos que a execução da estratégia ganhou uma velocidade diferente da prevista, temos de descobrir o que houve e tomar medidas enérgicas para voltar ao caminho original, redesenhando o plano de metas.

Como entender o que aconteceu? Refazendo a análise dos seis Cs (*Capítulo 2*). Desse modo, a empresa será capaz de detectar se há alguma mudança importante no horizonte de seus negócios.

As medidas corretivas podem ser simplesmente operacionais. Você precisa basicamente retrabalhar o plano de metas (*descrito no Capítulo 4*) e os quatro Ps operacionais (*Capítulo 5*): produto, praça, preço e promoção. Por exemplo, você pode abaixar o preço do produto A, aumentar o preço do produto B e aumentar a verba de promoção (comunicação). Assim estará aumentando as vendas dos próximos meses.

Se precisar responder a uma ameaça de concorrentes ou a uma nova oportunidade vislumbrada no mercado, por sua vez, terá de jogar seu objetivo ou ponto B mais para a frente. Para tanto, começará a revisão dos Ps pelos estratégicos (*Capítulo 4*). Por exemplo, pode ser o caso de priorizar outros segmentos de clientes.

Empresas lentas e rápidas

Fala-se tanto em rapidez, empresa rápida, companhia baseada no tempo, não? Empresa rápida é aquela que diagnostica rapidamente os problemas ou oportunidades. Sabe o que tem de fazer e faz, percorrendo o caminho mais curto. Sua concorrente ainda está olhando para o ponto B dele e ela já jogou o respectivo ponto B mais para a frente.

Então, você já sabe qual é o elemento essencial dessa rapidez? Bingo! É o controle da estratégia. É ele que representa a diferença entre a empresa lenta e a empresa rápida.

Um caso exemplar de controle estratégico/rapidez é o da cervejaria AmBev, fusão da Antarctica com a Brahma. A AmBev projetara tornar-se uma cervejaria importante em nível mundial e, para isso, traçara uma política de aquisições de outras cervejarias em países sul-americanos. Controlando a estratégia, percebeu que, apesar de incorporar cervejarias como a Quilmes, na Argentina, e a Polar, na Venezuela, estava crescendo mais lentamente do que esperava.

O que seus executivos decidiram fazer? Empurrar o ponto B para mais longe. Eles negociaram a fusão com a cervejaria belga Interbrew e formaram a segunda maior cervejaria do mundo. Desse modo, cresceram além do que pretendiam e protegeram-se no mercado brasileiro. Um exemplo primoroso de controle estratégico.

Outro exemplo de rapidez é o das Casas Bahia, cujo caso já estudamos no Capítulo 5. Vale citá-las novamente como receita a seguir. A empresa só conseguiu repetir em mais de 350 lojas o que fazia em uma porque conseguiu que a cultura organizacional fosse impregnada com a estratégia de crescimento. Por isso, nas Casas Bahia, todos os funcionários e gerentes se sentem controlando a estratégia.

7

Afinal, o que é estratégia?

Pense grande, comece pequeno e cresça rápido:

- uma explicação sobre o modelo adotado neste livro
- uma breve descrição das principais linhas de pensamento
- a outra função do planejamento da estratégia

Permita-me contar uma breve história do pensamento da gestão, em tom de parábola. Primeiro, as empresas, tendo à frente o departamento de recursos humanos, falavam assim: precisamos colocar todo mundo no mesmo barco. Por quê? Porque cresceram e, com tanta gente, veio a dispersão. Nem todo mundo estava no mesmo barco.

Mas isso não resolveu o problema. As pessoas entraram no barco, mas não sabiam exatamente o que fazer, umas olhando para as outras. E a empresa ficou à deriva.

Veio uma segunda ordem: era preciso colocar todo mundo no mesmo barco remando. Surgiu, então, outra dificuldade. Cada pessoa remava para um lado diferente e a empresa não saía do lugar.

Terceiro movimento: os dirigentes deviam colocar todo mundo no mesmo barco remando para o mesmo lado. Foi aí que se percebeu a questão mais importante: é necessário descobrir para que lado as pessoas deviam remar.

Em suma, era preciso pôr todo mundo no mesmo barco remando para o mesmo lado. E era necessário saber para que lado remar. Percebeu-se que uma operação eficaz – todos remando para o mesmo lado – só conferia velocidade, mas não a certeza de estar levando a empresa para seu rumo certo. Afinal, no rio, quanto mais rápido se rema no sentido contrário, mais rápido se chega à cachoeira – e à queda livre. Era preciso definir o norte, o rumo certo. Era necessário algo maior que orientasse a operação diária. Era necessário, enfim, ter uma estratégia.

E a história não acabou, não. Mais recentemente, tiraram o timoneiro do barco. A figura do timoneiro corresponde ao presidente da empresa. Antes ele ficava comandando: "é para lá, é para lá". Hoje as pessoas devem remar sem ouvir comandos e o presidente precisa sair remando também, vendendo, relacionando-se com os clientes.

Resultado: agora todo mundo tem de estar no mesmo barco, remando, remando para o mesmo lado e sabendo para que lado remar.

Regra de Ouro nº 7

Essa singela história responde à pergunta "O que é estratégia?". É o caminho para você alcançar, o mais rápido possível, seu objetivo. E também é a deixa para a próxima regra: Pense grande, comece pequeno e cresça rápido!

Observe que essa definição de estratégia e o processo para formulá-la não são consensuais no mundo dos negócios e na academia. Muitos discordariam. Se para alguns teóricos a estratégia é o caminho, outros argumentam que estratégia é a visão do futuro em si (o ponto B). E há os que, capitaneados pelo grande Michael Porter, ensinam que o ponto B só serve se for diferente de todos os pontos B da concorrência.

As variadas linhas de pensamento estratégico são fascinantes; vale a pena aprofundar-se nelas. Mais adiante, ofereço um "aperitivo" de algumas, mas não entrarei no mérito de qual é melhor ou pior, até porque há casos de sucesso contabilizados em todas.

Você só precisa se conscientizar de duas coisas:

1) tudo o que escrevi sobre estratégia até o momento constitui apenas uma das inúmeras possibilidades existentes, e
2) sejam quais forem a linha estratégica e o processo de elaboração escolhidos, não deixe de ter uma estratégia.

Por que elegi o modelo de estratégia abordado no livro e não outro? Por sua simplicidade, clareza e fácil aplicação. Como você notará adiante, trata-se de uma fórmula que bebe principalmente na fonte do marketing estratégico com "temperos" de fontes variadas.

Com permissão da academia e em minha defesa, digo que sou coerente. Acredito que muitas empresas deixam de ter estratégia por complicarem demais o assunto. Recorro novamente ao guru superstar Tom Peters: "Mantenha a simplicidade". A verdade é que Peters e seus slogans exagerados explicam uma série de coisas...

Aliás, à moda de Tom Peters, inventei um *slogan* que resume nosso modelo de estratégia (e que você já viu estampado na capa): "PENSE GRANDE, COMECE PEQUENO E CRESÇA RÁPIDO".

Vamos agora à tradução do *slogan*, palavra por palavra. "Pensar grande" é estabelecer o objetivo da empresa – recorrendo à metodologia SMART e à avaliação das oportunidades ambientais e empresariais, entre outras providências (*Capítulo 3*). "Começar pequeno" significa caminhar no ritmo que a situação atual de sua empresa (*Capítulo 2*) permitir, o que é descoberto, por exemplo, por meio da análise dos seis Cs. Sua estratégia pessoal (*Capítulo 1*) também pode influir nesse ritmo.

"Crescer" é fruto da execução da estratégia, que começa com os Ps estratégicos (*Capítulo 4*) e segue no dia-a-dia com os operacionais (*Capítulo 5*). A "rapidez" fica por conta do controle (*Capítulo 6*).

Linhas de pensamento estratégico

A proposta de simplificar os conceitos de gestão que está por trás da Série PIQUE profissional nunca pode nos induzir a ser simplistas. As idéias de Porter, Prahalad, Hamel, Kotler e Kaplan, entre outros pensadores, devem ser conhecidas pelo leitor, pois são um combustível importante para a definição da metodologia estratégica que melhor se adapte a sua organização.

Já falei de Philip Kotler no Capítulo 2. Cito aqui outras escolas de pensamento estratégico que considero importantes e que foram muito bem delineadas por Henry Mintzberg, Bruce Ahlstrand e Joseph Lampel no livro *Safári de estratégia*:

AUTO-AVALIAÇÃO

- Você realmente quer que todos em sua empresa abracem a estratégia?
- Está disposto a abrir mão de vontades e vaidades para que a estratégia seja fruto de um exercício coletivo e, assim, possa tornar-se um compromisso de todos?
- Levará a estratégia realmente a sério? (Se a resposta for sim, você tem de se comprometer a ler os livros indicados no quadro "Fazejamento".)

- **Escola da concepção** (também chamada de escola do design ou do projeto): Este é conhecido como o modelo americano, muito ligado à Harvard Business School e o mais ensinado nas escolas de administração em geral. Baseia-se na matriz SWOT, que ajuda a avaliar os pontos fortes e fracos da empresa à luz das oportunidades e das ameaças do ambiente. Essa matriz é valiosíssima, tanto que é difícil não usá-la (*nós a utilizamos no Capítulo 3*). A estratégia, nesse caso, é simplesmente o resultado do processo de concepção da estratégia. Pode-se quase dizer que ela resulta de um bom *brainstorming*.
- **Escola do planejamento estratégico:** Como escrevem Mintzberg e seus co-autores, "existem centenas de

modelos diferentes de planejamento estratégico" e "toda consultoria que se respeite possui um". No entanto, "a maior parte se reduz às mesmas idéias básicas: tome o modelo SWOT, divida-o em etapas claramente delineadas, articule cada uma destas com muitos *check-lists* e técnicas, e dê atenção especial à fixação de objetivos no início e à elaboração de orçamentos e planos no final".

Aqui a estratégia é resultado de um processo de elaboração formal, cheio de etapas e controles. Esse modelo criou, por exemplo, o cargo de estrategista, o que afastou os executivos da elaboração da estratégia.

A empresa símbolo do modelo foi a General Electric, antes da chegada de Jack Welch. Quando este assumiu a presidência, desmoralizou o planejamento estratégico criticando a "burocracia de planejadores". Há que se dizer que a escola anda em baixa desde então, principalmente pela falta de resultados.

Para contornar isso, surgiu uma vertente de planejamento estratégico que Mintzberg denomina "controle estratégico", pela qual a responsabilidade por isso fica com as divisões e unidades de negócios das empresas. Se a menciono aqui é para avisar que nada tem a ver com o controle de que tratamos no Capítulo 6.

Uma das versões dessa escola que continua prestigiada é o planejamento de cenários de Pierre Wack e Arie de Geus, da Royal Dutch Shell, que se baseia na suposição de que, especulando sobre uma variedade de futuros, pode-se abrir a mente e chegar ao futuro correto.

- **Escola do posicionamento:** Para seus defensores, a estratégia é o lugar escolhido para determinados produtos em determinados mercados. Concordo com essa premissa em gênero, número e grau.

Essa escola tem várias ondas. A primeira é militar e se apóia em nomes como o do militar e filósofo chinês Sun Tzu, comparando o mundo dos negócios ao mundo das batalhas. Veio de Sun Tzu a idéia estratégica tão propalada de que aquele que chega em primeiro lugar a um mercado tem mais chances de dominá-lo.

O nome mais famoso da turma do posicionamento é Michael Porter – apesar de ele ser de Harvard, território da escola da concepção. Porter garante que "a estratégia é a criação de uma posição única, inimitável e geradora de valor", que demanda "um conjunto particular de atividades" e que, para funcionar, nos obriga a abrir mão de muita coisa, fazendo *trade-offs* (trocas).

Para mim, posicionamento tem tudo a ver com estratégia (*leia o Capítulo 4*). Gosto do Sun Tzu e considero Porter o maior especialista em estratégia da atualidade, ainda que o professor Mintzberg seja mais crítico e analítico. Por isso ouço com grande atenção o que ele diz e sigo seus conselhos. Só não os sigo à risca porque encontro valor em outras abordagens também.

- **Escola empreendedora:** Agora cito um trecho de um artigo de Mintzberg publicado em *HSM Management*: "Vários autores célebres associaram, há muito tempo, a estratégia ao espírito empreendedor e descreveram sua gênese como se fosse a criação visionária de um grande profeta".

Sendo assim, essa linha de pensamento focaliza um líder único e aposta em coisas como intuição, sabedoria, experiência, critério. O problema dessa teoria é achar que os empreendedores são semideuses: Jim Collins e David Moore fizeram um interessante estudo sobre a personalidade empreendedora que traz à tona sua humanidade, publicado no livro *The Organization Makers*.

Por exemplo, segundo o estudo, em momentos de crise, os empreendedores não buscam segurança. "Mergulham na insegurança mais profunda." Eu gosto de intuição e de empreendedorismo, mas não a ponto de fiar uma estratégia nisso. Portanto, os leitores empreendedores devem tomar cuidado para não sucumbir a essa tentação!

- **Escola do aprendizado:** C.K. Prahalad e Gary Hamel estão entre os artífices dessa escola. Segundo eles e seus colegas, este mundo é complexo demais para que seja possível construir um plano ou uma idéia clara deliberadamente, de um só "golpe". A estratégia deve "emergir" em pequenas etapas, à medida que a empresa vai se adaptando ao ambiente em que se encontra.

Segundo o modelo do aprendizado, a estratégia está sempre se modificando, porque o ambiente em que se insere a empresa também se modifica continuamente. Eu concordo. Sabe quem também acha que isso faz mais sen-

FAZEJAMENTO

Programe-se para ler alguns livros de estratégia e aprofundar-se no assunto. Minha primeira indicação é *Estratégia competitiva*, de Michael Porter. Em paralelo, leia *Posicionamento: a batalha por sua mente*, de Jack Trout e Al Ries – os pontos comuns são muitos. As próximas noitadas de leitura podem ser dedicadas a *Competindo pelo futuro*, de C.K. Prahalad e Gary Hamel, *Administração de marketing*, de Philip Kotler, e *Safári de estratégia*, de Henry Mintzberg, Bruce Ahlstrand e Joseph Lampel.

Além disso, vale a pena pesquisar na Internet o que existe sobre a matriz SWOT (*SWOT analysis*). Você se surpreenderá. No momento em que estou escrevendo este livro, o Google traz um milhão e trinta mil ocorrências.

tido? Peter Drucker. E quando Drucker fala, todos nós devemos parar para refletir.

A outra função da estratégia

Falamos há pouco do planejamento de cenários de Pierre Wack e Arie de Geus, da Royal Dutch Shell. Em seu livro *Safári de estratégia*, Henry Mintzberg e seus co-autores o criticam alegando que a ferramenta é melhor para desenvolver planejadores do que para desenvolver a estratégia em si. Não entrarei no mérito se Mintzberg está certo ou errado, mas não tenho dúvidas de que desenvolver planejadores é um resultado de extrema importância.

Quanto mais se discute estratégia, mais se fica craque no assunto. De modo análogo, quanto mais gente discute a estratégia, mais a empresa fica craque em sua execução. É o que aprendi em uma das palestras de Jorge Gerdau Johannpeter, presidente do Grupo Gerdau, que atua em setores como siderurgia e tecnologia da informação e está em franco movimento de globalização.

Para Gerdau, planejamento estratégico é o maior instrumento de treinamento de suas empresas. Por quê? Ele faz todo mundo participar do planejamento e definir os horizontes estratégicos dos negócios. Então, quando o plano fica pronto, todos estão preparados e sabem o que fazer.

8

O que não é estratégia?

Eficácia operacional não é estratégia. Mas é igualmente necessária:

- um histórico das operações
- a obsessão e as respostas de Michael Porter
- as perguntas mais freqüentes

O Oriente se encontrou com o Ocidente a partir de 1945. O Ocidente se reencontrou com o Oriente nos anos 80. E, enquanto isso, o mundo se esqueceu da estratégia.

A história desse esquecimento começa no fim da Segunda Guerra Mundial, quando o Japão ficou totalmente destruído. O tratado de rendição assinado pelo imperador Hirohito com os Estados Unidos previa que o general norte-americano Douglas MacArthur passasse a governar o Japão. Mas MacArthur era um militar que nunca tinha governado nada.

O que ele fez? Primeiro pensou no aspecto cultural e buscou o *know-how* de quem tinha experiência de colonização. Entre outras fontes, MacArthur pesquisou a corte de D. João VI no Brasil no início do século XIX e entendeu o que o rei português quis fazer: mostrar o melhor do mundo à colônia para dar o exemplo. Como, na época, o melhor do mundo era Paris, D. João VI trouxe desde as pinturas de Debret até a arquitetura neoclássica. Como, no pós-guerra, a capital do mundo era Nova York, MacArthur levou para o Japão as referências nova-iorquinas.

Em segundo lugar, o general americano percebeu que os produtos japoneses eram de péssima qualidade, o que só piorava a auto-estima dos já abatidos japoneses. Restavam principalmente mulheres e crianças no país, o que tornava mais difícil reverter o quadro. Então, ele foi buscar qualidade justamente em Nova York, com profissionais da área estatística, como W. Edwards Deming e Joseph M. Juran.

A essa altura, nos Estados Unidos, ninguém estava preocupado com qualidade – a indústria produzia a todo vapor. Esses profissionais, portanto, adoraram a oportunidade de expor suas idéias para o Japão. Em decorrência, surgiram, no Japão da década de 1960, o Controle de Qualidade Total de

Genichi Taguchi e os círculos de qualidade de Kaoru Ishikawa.

Nos anos 70, as empresas norte-americanas começaram a se sentir ameaçadas pelas japonesas e, nos anos 80, passaram a imitá-las nos métodos de qualidade de produção, criando o TQM, ou Gestão da Qualidade Total. Depois vieram as preocupações com foco no cliente e foco nos serviços, além de outras ferramentas de qualidade, como o 6 Sigma. E assim tem sido.

De modo análogo, nós, brasileiros, passamos as duas últimas décadas concentrando-nos em aumentar a eficácia operacional das empresas, observando qualidade, foco no cliente e foco nos serviços. Não tínhamos estratégia antes, por conta da alta inflação, e continuamos não tendo.

O leitor deve estar se perguntando por que é importante conhecer essa história. Por dois motivos. Mostra que a estratégia não foi devidamente prestigiada até há pouco tempo no Brasil por circunstâncias históricas (do Ocidente) e econômicas (nossas). E nos faz entender por que tantas empresas confundem estratégia com eficácia operacional – por hábito.

Na verdade, eu deveria convidar Michael Porter para escrever este capítulo. O professor de Harvard é tão obcecado pelo tema – e com razão – que o assunto parece lhe pertencer.

No último seminário de Porter a que assisti, seu primeiro slide abordava exatamente o que não é estratégia. Seu raciocínio é muito simples: tudo parece ter virado estratégia.

Regra de Ouro nº 8

Dessa história da Segunda Guerra Mundial a D. João VI vem nossa oitava e valiosa regra: Eficácia operacional não é estratégia. Mas é igualmente necessária.

PERGUNTAS MAIS FREQÜENTES DA TEORIA NA PRÁTICA

Veja agora algumas perguntas que talvez você já tenha formulado ou esteja se fazendo desde que começou a ler este livro:

Estratégia e planejamento são a mesma coisa?

Embora isso dependa um pouco da linha de pensamento (*veja Capítulo 7*), eu me arrisco a dizer que não. Existe planejamento de estratégia (o mesmo que planejamento estratégico) e existe planejamento de operações (planejamento tático ou operacional). Estratégia é igual a planejamento estratégico.

Tática e estratégia são a mesma coisa?

Como a palavra "estratégia" foi banalizada, ela é confundida a toda hora com tática. Mas as duas não são sinônimos. Tática é um plano de operação.

Este livro usou muitos conceitos de marketing em estratégia. Qual é a diferença entre estratégia e marketing?

Para gurus como Philip Kotler, marketing e estratégia são exatamente a mesma coisa. É que estratégia tem a ver com posicionamento, e este vem do marketing. Na verdade, o marketing existe como operação, estratégia de negócios e filosofia empresarial. E é o lado "estratégia de negócios" do marketing que eu trabalho neste livro.

Uma empresa pode ter só uma estratégia de cada vez ou várias ao mesmo tempo?

A empresa pode ter vários objetivos de uma só vez e uma estratégia global que cumpra esses objetivos. De qualquer maneira, nada impede que a empresa tenha várias estratégias simultaneamente. Por exemplo, ela pode ter uma estratégia para crescer e ao mesmo tempo diversificar produtos e mercados. É preciso ter cuidado com os preciosismos da terminologia. O importante é que todos na empresa entendam o que queremos fazer, ou melhor, o que precisa ser feito.

Existe um número ideal de objetivos a perseguir?

Não. Mas, segundo Hyrum Smith, autor de *O que mais importa*, quando se tem um objetivo claro, há 80% de probabilidade de alcançá-lo; quando existem cinco objetivos, a probabilidade de alcançar um cai para 30%.

Qual é o melhor modo de difundir uma estratégia?

A chave é envolver as pessoas em sua elaboração e em sua execução. Além disso, a estratégia deve ser colocada no papel, mas sem ter o tamanho de um livro. O critério é este: a estratégia da empresa tem de poder ser consultada facilmente.

Quanto tempo o líder da empresa deve dedicar à estratégia?

Os empresários mais bem-sucedidos dedicam de 5% a 10% de seu tempo à estratégia e ao controle de seu plano de ação, o que significa de um a dois dias por mês.

Há tantas empresas sem estratégia que são lucrativas... Por que eu preciso ter uma?

Por quanto tempo você quer que seu negócio exista? Sempre digo que é muito fácil ganhar dinheiro no presente se a gente puder comprometer o futuro. Basta aceitar qualquer encomenda. Ou vender ativos.

Como eu sei se minha empresa tem estratégia?

Se você está em dúvida, a resposta é "ela não tem".

Tenho um preço baixo? Digo que essa é a minha estratégia. Sou bom na produção? Digo que essa é a estratégia. Terceirizo a área de pesquisa e desenvolvimento (uau!)? Essa é a minha estratégia. "Tudo bobagem!", bradou Porter.

Cito agora trechos de um famoso artigo seu, "O que é estratégia?":

> "A busca por produtividade, qualidade e rapidez gerou um número considerável de técnicas e ferramentas administrativas: gestão da qualidade total, *benchmarking*, concorrência baseada no tempo, terceirização, parcerias, reengenharia, gestão de mudanças. [...] Pouco a pouco, quase imperceptivelmente, as ferramentas administrativas tomaram o lugar da estratégia."

Todavia...

> "Embora as melhorias operacionais resultantes tenham sido freqüentemente dramáticas, muitas empresas estão frustradas com sua incapacidade de transformar esses ganhos em lucratividade sustentável."

E o problema é que...

> "Conforme os executivos se esforçam para melhorar em todas as frentes, eles se afastam cada vez mais das posições competitivas viáveis."

Por que isso acontece?

> "O posicionamento, outrora o coração da estratégia, é rejeitado como muito estático para as mu-

danças tecnológicas e o dinamismo do mercado atual. De acordo com o novo dogma, os concorrentes podem copiar rapidamente qualquer posição de mercado e a vantagem competitiva é, na melhor das hipóteses, temporária."

Para Porter, essas são "meias-verdades perigosas". Ele explica melhor os dois riscos embutidos. Eis o primeiro:

> "Eficácia operacional significa realizar atividades semelhantes melhor que os concorrentes. Ela diz respeito a qualquer número de práticas que permitam que uma empresa utilize melhor seus *inputs* ao, por exemplo, reduzir os defeitos de fabricação ou desenvolver produtos melhores mais rapidamente.[...] São vastas as diferenças na eficácia operacional entre as empresas [...], uma fonte importante de diferenças na lucratividade entre concorrentes.[...] Mas poucas companhias conseguem competir com êxito na base da eficácia operacional durante um longo período e torna-se cada dia mais difícil permanecer à frente dos concorrentes. O motivo mais óbvio para isso é a rápida difusão das melhores práticas. Os concorrentes podem rapidamente imitar técnicas administrativas, tecnologias, melhorias de *inputs* e maneiras excepcionais de satisfazer as necessidades dos consumidores.[...] A concorrência pela eficácia operacional desloca a fronteira da produtividade para longe, abrindo caminho para todos. Porém, embora tal concorrência produza uma melhoria absoluta em eficácia operacional, ela não leva a uma melhoria relativa para ninguém."

Agora, o segundo risco:

> "O segundo motivo pelo qual a eficácia operacional aperfeiçoada é insuficiente (convergência competitiva) é mais sutil e insidioso. Quanto mais as empresas fazem *benchmarking*, mais elas se parecem. Quanto mais os concorrentes terceirizam as atividades para empresas eficientes, muitas vezes as mesmas, mais genéricas ficam essas atividades. À medida que os concorrentes imitam as melhorias de qualidade uns dos outros, assim como ciclos de tempo ou parcerias de fornecedores, [...] a concorrência torna-se uma série de corridas em pistas idênticas, que ninguém poderá vencer. A concorrência baseada apenas em eficácia operacional é mutuamente destrutiva, levando a guerras que só podem ser interrompidas pela limitação da concorrência."

Em outras palavras, as empresas quebram ou compram umas às outras. E sabe quem serve de ilustração para as teorias de Porter? Os japoneses de MacArthur, que foram rebaixados do céu ao inferno pela imprensa especializada e pelos analistas de negócios nos últimos anos. Segundo ele, as empresas japonesas raramente desenvolveram posições estratégicas distintas e sofreram as conseqüências disso.

Traduzindo, e usando a metáfora do remo que citei no Capítulo 7: os japoneses sabiam remar mais rápido, mas não sabiam para que lado remar.

Devo acrescentar que não apenas os programas que promovem eficácia operacional costumam ser confundidos com estratégia; ferramentas como missão/visão também o são.

FAZEJAMENTO

Minha sugestão é: faça uma lista de todos os programas e ferramentas de gestão que sua empresa está utilizando ou utilizou recentemente. Defina o que é eficácia operacional e o que é estratégia.

Pegadinha! Nenhuma ferramenta poderia ser estratégia. Se você seguiu adiante na análise proposta, precisa reler este capítulo.

Você verá no próximo capítulo que declarações de missão e visão contribuem para a estratégia, porém nunca, em tempo algum, podem **ser** estratégia. Como observa o bem-humorado Michael Porter: "Você não pode passar três noites sem dormir, ter uma visão e dizer que essa é sua estratégia!".

A eficácia operacional está morta! (Viva a eficácia operacional!)

De certa forma, você precisa matar a eficácia operacional em sua mente para incorporar o hábito da estratégia. Mas, logo depois, deve ressuscitar a busca pela eficácia operacional. Isso porque, em organizações que não são operacionalmente eficazes, poucas estratégias resistem.

9

Tenho de fazer tudo sozinho?

Todos podem utilizar ferramentas acessórias:

- a insuficiência das soluções do passado
- o apoio de ferramentas gerenciais e tecnológicas
- missão/visão, *business intelligence*, aprendizado e muito mais

País do futebol, ano de 1969. João Saldanha era o treinador que preparava a Seleção Brasileira para as eliminatórias da Copa de 1970, no México. Além de grande estrategista, tinha um timaço nas mãos: Félix, Carlos Alberto, Djalma Dias, Joel e Rildo; Piazza e Gérson; Jairzinho, Tostão, Pelé e Edu. Deu um passeio na primeira partida, marcando 2 × 0 contra a Colômbia, e esperava-se um placar ainda maior no segundo jogo, contra a irrelevante Venezuela. Mas não é que o primeiro tempo acabou em 0 × 0?

O juiz apitou, os jogadores se dirigiram para o vestiário e a porta estava trancada. Com as chaves nas mãos, Saldanha berrava: "Não vou dar instrução nenhuma. Para jogar esse futebolzinho que vocês jogaram, nem adianta. Voltem lá e façam o que sabem! Não tem água, não tem banheiro! No vestiário ninguém entra!"

A chacoalhada funcionou. A equipe verde-amarela fez 5 × 0 no segundo tempo e terminou aquelas eliminatórias invicta (e depois venceu a Copa, como todos sabem).

Agora, o ano é 2004 e as coisas raramente acontecem assim. Mesmo com técnico e jogadores talentosos como os do jovem time do Santos. O técnico Wanderley Luxemburgo montou um arsenal de ferramentas tecnológicas que não hesitava em utilizar no vestiário durante o intervalo. Por exemplo, o primeiro tempo do jogo era filmado e os jogadores assistiam à reprise comentada por Luxemburgo para saber o que tinham feito de errado e como consertar. Luxemburgo trabalhava com dois assistentes experientes – os ex-jogadores Serginho Chulapa e Gallo, um dos quais fica na arquibancada, vendo o jogo de cima para passar ao treinador o posicionamento do time e do adversário. O outro anota as jogadas mais freqüentes do adversário para passar aos jogadores no intervalo. Essa "chacoalhada" funcionou.

O Santos venceu na última rodada, quando todos já davam o título como certo ao Atlético Paranaense.

Que lição se tira desse paralelo? Hoje, assim como os times de futebol, você, eu, ele, todo mundo precisa de assessoria para corrigir a estratégia quando necessário. E também para elaborá-la, para implementá-la e para monitorá-la. Talentos e tecnologia estão à disposição, quer para vencer campeonatos, quer para dirigir nossos negócios e nossas estratégias de negócios.

Regra de Ouro nº 9

Na comparação dessas duas histórias encontramos nossa nona regra: Todos podem utilizar ferramentas acessórias no esforço da estratégia.

Essa é ou não uma boa notícia? Se de um lado os tempos ficaram mais complicados, de outro, o número de ferramentas de apoio que temos à disposição para enfrentá-los cresceu imensamente. Basta pensar na vida antes e depois do computador. Antes e depois da Internet. Dá para imaginar? Felizmente, pode-se afirmar que existe pelo menos uma ferramenta de gestão adequada para cada uma das tarefas que você e sua equipe precisarão cumprir na formulação, na implementação, no monitoramento e no controle da estratégia.

É verdade que ferramentas podem custar caro, mas aqui cabem duas observações: 1) seu preço não deve ser encarado como absoluto e sim como uma relação entre custo e benefício e 2) muitas vezes podemos recorrer a alternativas mais baratas.

Tomarei, então, a liberdade de descrever as ferramentas que creio serem as mais fiéis escudeiras da estratégia.

Declarações de missão e visão

De maneira bem simplista, eu poderia dizer que a missão é o ponto A tratado no Capítulo 2, enquanto a visão é o ponto B do Capítulo 3. Ou a missão diz onde estamos, enquanto a visão indica para onde vamos; a missão descreve o negócio, enquanto a visão é o que se sonha para o negócio.

Há quem advogue que a missão e a visão sejam os pilares da estratégia. Eu não chegaria a tanto, mas acredito que sejam extremamente importantes para dar clareza à estratégia e difundi-la por toda a organização e até para fornecedores e clientes. Ou seja, essa ferramenta é muito importante – e pode ter custo zero de desenvolvimento.

Mas tome cuidado: existem por aí muitas missões e visões abstratas, delirantes e confusas, que às vezes são inócuas ou até prejudicam a companhia. Não caia nessas armadilhas. As duas declarações têm de ser muito precisas, fáceis de entender e de memorizar. Se possível, devem soar como música e, quanto mais sintéticas, melhor.

O que é missão? É uma declaração que apresenta a empresa, levando em conta sua personalidade, seus valores e até a forma como nasceu. Já a visão tem de desafiar a empresa, representando um desejo não necessariamente alcançável. O importante é que as duas declarações reflitam o espírito e as crenças organizacionais.

Vale a pena reproduzir algumas missões e visões reais, todas muito adequadas. Sou fã, por exemplo, da objetividade das missões da Pepsi e da Honda, respectivamente "Derrotar a Coca-Cola" e "Esmagar, espremer e massacrar a Yamaha". Claro que uma missão não precisa ser tão retumbante para ser eficaz. Veja o exemplo mais sereno da Avis Rent-a-Car:

AUTO-AVALIAÇÃO

- Você realmente conhece as ferramentas gerenciais e tecnológicas existentes? Ou acha que não passam de modas passageiras?
- Tem dinheiro para investir nisso no momento? Se não, está disposto a despender algumas horas dos seus fins de semana para criar "ferramentas alternativas"?
- Você se dedica a aprender sempre, de forma programada e aproveitando as oportunidades de aprendizado?

"Nosso negócio é alugar carros. Nossa missão é a satisfação total do cliente".

Entre as visões, destaco uma exemplar: "Ser a empresa mais centrada no cliente que existe na Terra; construir um lugar onde as pessoas encontrem qualquer coisa que queiram comprar on-line". Adivinhe qual é a empresa em questão? A Amazon.com, naturalmente.

Ferramentas de inteligência de negócios

Dados, informações e conhecimento são fundamentais para a estratégia. É com essas matérias-primas que você chega aos seis Cs (*Capítulo 2*), aos quatro Ps estratégicos (*Capítulo 4*) e aos quatro Ps operacionais (*Capítulo 5*). É com elas que você avalia as oportunidades ambientais e empresariais (*Capítulo 3*).

Daí a importância da *Business Intelligence*, ou BI, traduzida como inteligência de negócios. Segundo explica o professor Luiz Antônio Jóia, professor da Fundação Getulio Vargas do Rio de Janeiro, a BI é a resposta para a necessidade das empresas de "encontrar meios de gerar conhecimento e tomar decisões rapidamente a partir do que lhes é disponibilizado pela tecnologia". A questão por trás da BI não é se você sabe ou não, mas o quanto você aproveita do que sabe.

De acordo com Jóia, BI é um "conceito guarda-chuva que envolve áreas como gestão do conhecimento e tecnologias como CRM e *data mining*, entre outras". Permita-me copiar definições adotadas pela empresa de consultoria empresarial Bain & Company, que todo ano faz a pesquisa do uso de ferramentas de gestão que se tornou referência no mundo inteiro.

- A gestão do conhecimento (também conhecida pela sigla em inglês KM) "desenvolve sistemas e processos para a aquisição e o compartilhamento de ativos intelectuais".
- O CRM (ou gestão de relacionamento com os clientes) "permite identificar e entender grupos de clientes e desenvolver estratégias para gerenciá-los de forma mais rentável".
- Já esta definição é de "domínio público": o *data mining* (ou garimpo de dados) "peneira" grandes quantidades de dados em busca de padrões coerentes e de relações sistemáticas entre as variáveis. E, então, valida os padrões detectados aplicando-os a outros conjuntos de dados.

Essas ferramentas, e outras tantas, são utilíssimas para que sua empresa possa conjugar os quatro verbos-chave nessa área: captar (dados), organizar (informações), armazenar (informações) e utilizar (conhecimento).

Não vou mentir: a brincadeira da inteligência de negócios sai caro. Mesmo que você não implemente todas essas tecnologias. Mesmo que escolha os softwares de prateleira comercializados no mercado (embora seu preço venha caindo, no caso do CRM). Mas, se sua empresa não puder arcar com investimentos agora, não recue. Apele para a criatividade, tanto para captar os dados (*leia a parte de pesquisa no Capítulo 4 e estenda o conteúdo para além dos clientes*) como para fazer o resto. Pense bem: não dá para construir um bom banco de dados com um programa Access? No limite, até com um Word.

FERRAMENTAS DE MENSURAÇÃO

Traduzir os objetivos em metas mensais e até diárias, como comentamos nos Capítulos 5 e 6, é obrigatório para a execução bem-sucedida de uma estratégia. Você precisa ser cuidadoso apenas ao determinar os indicadores, ou métricas. A maioria das grandes empresas utiliza uma ferramenta excepcional chamada Balanced Scorecard. Só que ela é bem mais sofisticada que a média e de alto valor absoluto.

No entanto, a definição da Bain & Company mostra que se pode fazer o mesmo com uma receita mais caseira: o Balanced Scorecard "traduz a missão e visão da empresa para um conjunto de metas e medidas de desempenho que podem ser mensuradas e avaliadas". Trata-se de "mastigar" mais ainda o plano de metas do Capítulo 5 e colocá-lo no Excel, por exemplo.

Gostaria ainda de reproduzir aqui um alerta do especialista em lealdade Frederick Reichheld, para quem a mensuração da satisfação dos clientes, muito popular, é a pior das métricas: "Conheço empresas com nível de satisfação de 100% que perdem todos os clientes", afirmou ele. Entre outras sugestões, Reichheld propõe a mensuração da lealdade dos clientes com uma só pergunta: "O senhor recomendaria nossa empresa a um amigo?"

Ferramentas de alianças estratégicas e redes

Entre os instrumentos mais promissores, a meu ver, estão as alianças com outras organizações, sejam empresariais

A TEORIA, NA PRÁTICA, FUNCIONA

Os fãs de astrologia diriam que eu sou muito virginiano: metódico mesmo. Mas o fato é que criei uma metodologia própria de aprender o tempo todo. Por exemplo, eu aprendo ensinando – atualmente dou aulas na ESPM, FGV-Eaesp e no MBA da FIA-USP, além de fazer várias palestras. A cada aula surge algo diferente.

Também aprendo lendo. Chego a ler três ou quatro livros ao mesmo tempo, dos mais variados tipos. Acabei de ler o excelente *Quando Nietzsche chorou*, ficção do psiquiatra Irving Yalom, estou lendo *Execução*, de Larry Bossidy e Ram Charan, juntamente com *Ensaios sobre o amor e a solidão*, de Flávio Gikovate, e *De geração para geração*, de John Davis. Faço anotações ou comento com as pessoas e, assim, eu gravo.

E aprendo demais viajando. Tanto nas viagens profissionais como nas de lazer. Freqüentemente faço visitas a empresas como parte de minha atuação em conselhos de administração e consultivos de alguns grupos empresariais; a mais recente foi ao Projeto Jari, na Amazônia, administrado pelo Grupo Orsa. E nas minhas viagens de lazer priorizo o novo – aquilo que ainda não fiz ou conheço. Isso pode incluir desde a pesca esportiva de um marlim-azul em alto-mar, de que participei recentemente a convite de um amigo, até meu próximo projeto – viajar de bicicleta pela região francesa de Borgonha, terra dos meus vinhos preferidos.

(clientes, fornecedores, concorrentes), sejam entidades como universidades e órgãos paragovernamentais do tipo Sebrae.

Por quê? Essas alianças envolvem custo zero e são ótimas para quem quer inovar. Basta haver o comprometimento em trocar informações e alcançar objetivos comuns. Difícil é ter esse comprometimento sincero.

Eu sou fã número 1 da Toyota, que repassa seu conhecimento de grande empresa para os pequenos revendedores ficarem mais competitivos. Mesmo sabendo que esses revendedores podem entregar o ouro para concorrentes como a Ford e a General Motors. Mas não entregam e, no fim, todo mundo sai ganhando.

Quando uma empresa consegue gerenciar várias alianças, ela forma uma rede, o que contribui (potencialmente) ainda mais para o sucesso da estratégia.

Ferramentas de motivação

Para levar as pessoas de sua empresa a participar efetivamente da estratégia, na elaboração e na execução, você precisa ser muito persuasivo. Elogios e reconhecimento funcionam bastante, mas podem ser complementados pela remuneração variável, atrelada ao desempenho e ao cumprimento de metas. A coisa fica assim: uma parte do ganho do funcionário é salário fixo; a outra dependerá de quanto ele contribuir para a estratégia.

Recomenda-se atenção na hora de estabelecer a meta à qual a remuneração será vinculada. Afinal, não é qualquer

FAZEJAMENTO

Se sua empresa, seu departamento ou sua equipe ainda não tem declarações de missão e visão, sente-se agora à mesa e faça o primeiro esboço. Depois, vá aperfeiçoando, incorporando a opinião de outras pessoas.

Tente transformar os contatos que você tem em alianças estratégicas. Se dedicar um ou dois dias inteiros por mês a isso, verá o impacto que terá sobre a estratégia de sua empresa em um ano.

No caso de empresas de médio e pequeno porte, a remuneração variável muitas vezes é tabu. Comece tentando mudar o que você mesmo pensa a respeito desse assunto. Depois, faça uma experiência com um colaborador em quem confia 100%. Lembre-se: a gente pensa grande, mas começa pequeno.

aumento nas vendas, por exemplo, que ajuda a estratégia. Na verdade, crescimentos errados de curto prazo podem até minar a estratégia de longo prazo.

A ferramenta do aprendizado

Em meus dois livros anteriores, *Reinventando você* e *A magia dos grandes negociadores*, enfatizei muito a importância do aprendizado. Acredito piamente que a capacidade de aprendizado é a grande arma que as pessoas têm para fazer a diferença no mundo; basta ler a introdução deste livro.

Porém, para não me tornar repetitivo, vou ceder a palavra ao filósofo Mário Sérgio Cortella, a quem muito admiro. Faço a seguir uma breve compilação de observações suas sobre aprendizado:

- "A velocidade da mudança é tamanha que cada dia você levanta mais cedo e vai deitar mais tarde, sempre com a sensação de que está perdendo tempo. [Por isso,] não adianta supor que nós fizemos um curso e aí estamos prontos. Ao contrário, hoje a educação é cada vez mais um estado de continuidade."
- "Uma das coisas mais importantes para você desenvolver a capacidade de aprender é a insatisfação. Como já disse o escritor Guimarães Rosa: 'O animal satisfeito dorme'".
- "A arrogância é um perigo, pois corremos o risco de liquidar o mais poderoso estoque que temos, que é o estoque de conhecimento."

10

Eu também preciso mudar?

Parte vital de uma estratégia são as pessoas que irão executá-la e, neste caso, só existe uma regra: a pessoa certa no lugar certo

- capacidade de diagnóstico, visão, capacidade de execução e capacidade de controle
- a importância do PIQUE
- o que o estrategista não é
- quem deve ser responsável pela estratégia

O estrategista de quem vou falar se chama Johnny Hooker. Talvez você se lembre do nome. Ele é o personagem de Robert Redford no filme *Golpe de Mestre* (*The Sting*), de 1973, que pertence, ao mesmo tempo, aos gêneros policial e comédia. O filme se passa nos anos da Depressão nos Estados Unidos. Johnny Hooker é quase a versão americana de um "ladrão de galinhas"; vive de dar pequenos golpes com o parceiro Luther Coleman (Robert Earl Jones). O maior sucesso da dupla é um golpe de US$11 mil.

Nesse golpe, os dois se sentem como se tivessem ganho na loteria. Coleman decide se aposentar, enquanto Hooker vai apostar tudo no pôquer. Seus adversários são gângsteres que "esperavam" ganhar e acabam vencidos. Um dos bandidos, Doyle Lonnegan (Robert Shaw), manda os capangas matarem Hooker e Coleman, que lhe fez companhia. Coleman é assassinado e Hooker foge da cidade. É aí que começa o jogo da estratégia.

Hooker tem um objetivo muito bem definido: vingar a morte do amigo e parceiro. E fará isso do único modo que sabe fazer – armando um golpe. Mas Lonnegan não é vítima fácil; não bebe, não é mulherengo e tem autocontrole no jogo. Hooker precisará mexer com as duas coisas que o gângster mais preza na vida – seu dinheiro e seu orgulho.

Percebendo que não conseguirá executar o plano sozinho, Hooker entra em contato com Henry Gondorff (Paul Newman), um velho amigo de Coleman que é um verdadeiro artista no manuseio das cartas. Os dois juntos montam um plano que tem duas etapas.

A primeira etapa é um jogo de pôquer que acontece num trem entre Nova York e Chicago, no qual viaja Lonnegan. Gondorff interpreta um *bookmaker* bêbado e falastrão que "acontece" de ser muito sortudo. Tira todo o dinheiro de Lonnegan, que fica furioso de ser vencido por um joão-ninguém. Hooker oferece a Lonnegan a chance de recuperar seu dinheiro; diz que quer quebrar a agência de apostas em corridas de cavalos que pertence a Gondorff.

Hooker lhe explica o que fará. Ele tem um sistema infalível para vencer nos cavalos: obter o resultado dos páreos antes do *bookmaker* (naquela época, não existia a tecnologia de tempo real, naturalmente). Lonnegan compra a idéia. Em Chicago, Hooker e Gondorff montam uma espécie de cenário de casa de apostas para o evento, com a ajuda de outros amigos de Coleman.

Cego pela ambição e sedento de revanche, Lonnegan acaba oferecendo seu próprio dinheiro para Hooker destruir Gondorff (esquecendo até que antes queria matar Hooker). Lonnegan é esperto, o plano quase sai dos trilhos algumas vezes, mas o fim é sensacional.

O personagem de Robert Redford em *Golpe de Mestre* encarna todos os atributos de um estrategista eficaz: visão (ele sabe exatamente o quer – vingar o amigo), capacidade de diagnóstico (entre seus pontos fracos estava a incapacidade de "vencer" no pôquer como fez Gondorff), capacidade de execução (ele conseguiu convencer Gondorff, os outros amigos de Coleman e fez uma execução impecável), capacidade de controle (evita muitas vezes que o plano desmorone, além de demonstrar autocontrole) e capacidade de vender idéias (convence Gondorff, convence os outros amigos de Coleman, convence Lonnegan). Hooker sabe ser a pessoa certa no lugar certo, uma espécie que eu chamo de "estrategistas-empreendedores".

Talvez Hooker possuísse todas essas características antes, mas nem por isso seus golpes registravam um sucesso retumbante. O que fez a diferença? Motivado por um objetivo realmente claro, alcançável e desafiador, ele mostrou PIQUE.

Regra de Ouro nº 10

Nenhuma boa estratégia nasce por geração espontânea. É preciso que pessoas bem preparadas a elaborem. Portanto, nossa décima regra de ouro da estratégia é: Parte vital de uma estratégia são as pessoas que irão executá-la e, neste caso, só existe uma regra: a pessoa certa no lugar certo.

Os quatro principais atributos

Este livro e o modelo de desenvolvimento estratégico que aqui proponho nos dão uma boa idéia das características principais de um executivo-empreendedor.

Imagine que você é dono de uma empresa e tenha entre seus diretores um profissional com grande capacidade de fazer diagnóstico, que conhece profundamente sua empresa, seus recursos e o mercado em que atua, e que com isso sempre tem a perfeita noção do que é possível fazer no curto e no longo prazo.

Além disso, imagine que esse profissional tenha grande habilidade para visualizar um futuro promissor para a empresa e, mais do que isso, consiga expressar em números essa visão e "vendê-la" à equipe. Essa pessoa também é um grande executor, alguém que sabe como implementar com rapidez e firmeza aquilo a que se propõe e, finalmente, conta com a disciplina para acompanhar o desenvolvimento do projeto ou da estratégia a ponto de fazer correções pontuais e nos momentos exatos.

Quanto valeria esse profissional? É isso mesmo, não tem preço. Esse é o executivo-empreendedor ou estrategista-empreendedor. Suas competências são aquelas necessárias a uma boa estratégia. Assim, podemos dizer que ele ou ela é bom de diagnóstico, tem consciência do ponto A, tem apurado sentido de visão, sabe onde está o ponto B e, acima de tudo, é um bom implementador da estratégia definida. Como se isso não bastasse, chega mais rápido porque é bom de controle. Esses são os "Jack Welch" que tanta fama adquirem.

Quem quer ser um estrategista de sucesso precisa investir na aquisição dessas mesmas competências ou cercar-se de quem as tenha. Isso significa que só os potenciais presidentes podem ser estrategistas? Não. (Mas que todo presidente de empresa tem a estratégia na carne, isso tem.) Significa que o bom estrategista está no topo da escada da administração; é um dos profissionais mais completos que existem em termos de habilidades.

Lembre-se, você não tem a obrigação de ter todas essas competências. Mas deve contar com uma equipe que se complemente e, no conjunto, apresente tais características.

Capacidade de diagnóstico

Pode-se descrevê-la como a capacidade de definir o ponto A da estratégia, fazendo um retrato fiel da empresa hoje, a fim de conferir à estratégia realismo, "pé no chão". Corresponde à parte "começar pequeno" do nosso *slogan* "Pense grande, comece pequeno e cresça rápido".

Essa capacidade não significa, contudo, ter noção apenas de onde a empresa está agora; é necessário compreender o potencial do negócio. Para usar uma metáfora nada original, quem tem essa habilidade de análise enxerga a árvore e a floresta. Outra metáfora "batida": devemos ser capazes de tirar uma fotografia a partir do carro e outra a partir do helicóptero.

Visão

É a capacidade de definir o ponto B, o objetivo no futuro, alcançável mas desafiador. É a parte "pensar grande" do *slogan* "Pense grande, comece pequeno e cresça rápido".

Desenvolver uma visão para a empresa exige ter visão – não de negócios, mas do mundo. Quer descobrir se determinada pessoa possui visão? Veja se ela está sintonizada e incorpora tudo de novo que acontece (isso pode ser demonstrado até pelas roupas que veste, as palavras que usa, o corte de cabelo), se está sempre aprendendo e ensinando, se já deixou o "ontem" para trás e nem é tão apegada ao hoje.

Capacidade de execução

É a condição de fazer a ponte entre a visão e o diagnóstico – e de ensinar o caminho aos outros. Quem tem essa

AUTO-AVALIAÇÃO

- A quantas anda sua capacidade de diagnóstico de problemas – até nos pequenos problemas cotidianos? Você consegue entender, por exemplo, por que seu colega não fez o que você lhe pediu na semana passada?
- Faça uma regressão e descubra se as visões de curto prazo que você teve nos últimos anos se confirmaram. Por exemplo: no auge do *boom* da Internet, você previu que haveria o *bust*? E depois do *bust*, com os sites quebrados e os investidores apavorados, imaginou a reabilitação?
- Executar para você é tão difícil quanto mandar alguém para a forca ou você se sente à vontade estimulando sua equipe a mover céus e montanhas? Você se incomoda de parecer chato ao bater na mesma tecla com as pessoas? Você se considera chato?
- Você acha que fazer mensuração e controle é algo muito maçante? Qual é seu grau de afinidade com planilhas e números? Você sabe sentir o pulso da estratégia também pelo clima no local de trabalho?
- Dê uma nota de 0 a 10 para seu PIQUE. Seja rigoroso.

capacidade cuida de fazer "crescer", no *slogan* "Pense grande, comece pequeno e cresça rápido". É um profissional que domina estratégia e operação e foi isso que inspirou a expressão estrategista-empreendedor.

Para construir essa habilidade, é preciso saber vender a visão para cima, para os lados e, principalmente, para baixo. Todo estrategista é um grande comunicador ou vendedor de idéias. Ele encontra a Maria no corredor e fala sobre o assunto. Vai tomar um cafezinho na esquina com o José, volta a tocar no tema. No elevador, comenta com a Patrícia. Passa seu dia vendendo a estratégia.

Lembra-se da frase do italiano Luciano di Crescenzo que citei no Capítulo 4? "Seres humanos são anjos de uma asa só; para voar, um tem de grudar no outro". É preciso vender a visão a todas as pessoas, porque, sem elas, a estratégia não sai do papel.

Capacidade de controle

A última competência-chave do estrategista, a meu ver, é a capacidade de controle. É a parte da "rapidez" no *slogan* "Pense grande, comece pequeno e cresça rápido".

Não estou falando do controle tipo auditoria, mas de saber manter o pulso da estratégia e ir corrigindo-a. Houve algum problema no meio ambiente? Eu mudo as coisas. Isso é bem complicado de fazer. Exige atenção aos detalhes e foco em números, algo raro em quem, por exemplo, é bom de visão. Não surpreende que seja razoavelmente difícil encontrar um profissional que reúna esses quatro atributos.

Como explicarei adiante, no entanto, ninguém precisa ser super-herói para ter uma estratégia de sucesso. Basta montar uma equipe complementar.

E, além disso, PIQUE!

Você conhece a frase que Sir Winston Churchill proferiu no Parlamento inglês durante a Segunda Guerra Mundial? "A única coisa que prometo são sangue, suor e lágrimas"? Não é preciso dar o sangue e fazer o resto no sentido literal. Mas, no sentido figurado, sim.

É necessário dedicar-se à causa, esforçar-se e comprometer-se emocionalmente – as lágrimas podem ser conseqüência dos *trade-offs* de que falamos antes, dos obstáculos que precisam ser superados na execução ou até de alegria pelas conquistas. Enfim, não existe estratégia ou estrategista bem-sucedido sem suor, sem sangue, sem lágrimas.

Para resumir isso, minha palavra preferida é pique, tão importante que intitula esta coleção de livros. Além de seu significado (entusiasmo ou disposição, garra, segundo o Aurélio), também é um acrônimo em que o "P" é de paixão (pelo processo, pelo produto, pelo negócio), o "I" de iniciativa (que leva a novos produtos e novas abordagens), o "Q" de questionamento (senso crítico), o "U" de urgência (o sentido de não deixar para

A TEORIA, NA PRÁTICA, FUNCIONA

Quem leu meu primeiro livro, *Reinventando você*, sabe o quanto tive de me reinventar, de mudar, de criar uma nova estratégia para a minha vida pessoal e profissional. Após um susto de saúde que pensei que me levaria à morte prematura, aos 42 anos, resolvi não perder mais tempo e criar uma nova visão sobre minha vida e meu futuro. Este livro já estava nessa visão – colocar minhas experiências no papel e compartilhá-las com todos vocês. Hoje, ao finalizar mais este trabalho, verifico o quanto mudei, mas, mais ainda, o quanto ainda precisarei mudar, sempre com aquele olhar otimista sobre a mudança a que me referi, buscando nela oportunidades, formas de ser mais produtivo, solidário, cidadão e feliz.

amanhã o que pode fazer hoje) e o "E" de entusiasmo (ou melhor, a capacidade de despertá-lo em outras pessoas).

O que o estrategista não é

Vale escrever um parágrafo para desfazer o mito de que o estrategista é fundamentalmente aquele que "enxerga" o futuro. Se assim fosse, o rei Pelé seria um desastre em estratégia, já que ele parece não acertar um prognóstico sequer. No entanto, Pelé administrou seu capital de talento como nenhum outro jogador de sua época, graças à capacidade estratégica. Ozires Silva, fundador da Embraer e um estrategista a quem muito admiro, e que me deu o prazer de prefaciar este livro, é extremamente forte em exercícios de visão – ele se dedicou a projetar aviões para dali a vinte anos –, mas não faz só isso: também cuida do diagnóstico, da execução e do controle.

Quem deve ser o responsável pela estratégia

Conforme variam as escolas de estratégia de que tratamos no Capítulo 7, varia o responsável pela estratégia: para a escola da concepção ou design, o presidente da empresa é o estrategista. Para a escola do planejamento, os profissionais de planejamento. Para a escola do posicionamento, os profissionais de análise. Para a escola do espírito empreendedor, que é a mais ligada a pequenas e médias empresas, o chefe. Para a escola do aprendizado, todas as pessoas da organização que sabem fazer as coisas e têm capacidade de aprender.

O bom senso diz o seguinte (especialmente para uma empresa de porte médio ou pequeno, ou ainda para um departamento): não dá para todo mundo desenhar a estratégia, assim como não é possível que apenas o líder principal fique incumbido do desafio, já que ele responde por muita coisa e tem pouco tempo disponível.

Então, o que fazer? O dirigente do negócio deve indicar um administrador qualificado para ser o líder da estratégia. E esse líder deve montar uma equipe de seis a dez pessoas, incluindo o dirigente, que têm de ser participantes ativas do processo, embora não o liderem (*leia mais sobre isso no Capítulo 4*).

Todas as pessoas da equipe de estratégia devem ter os atributos e o PIQUE descritos anteriormente? Seria o melhor dos mundos, mas isso não é obrigatório. O guru Stephen Covey, autor de *Os 7 hábitos das pessoas altamente eficazes*, disse numa entrevista à revista *HSM Management*

FAZEJAMENTO

- Descubra, em sua empresa ou em sua equipe, quem tem o maior número de atributos entre esses quatro de que tratamos. É muito provável que essa seja a pessoa certa no lugar certo, a mais indicada para se tornar o líder da equipe de estratégia.
- Assegure-se de que o presidente da empresa se inclua nessa equipe e participe ativamente de todo o processo. Se isso não acontecer, nada vai acontecer.
- Para escolher os outros membros da equipe, faça com que se use o mesmo critério dos quatro atributos: capacidade de diagnóstico, visão, capacidade de execução (leia-se também capacidade de comunicação) e capacidade de controle. Lembre-se de que tudo depende da complementaridade. É interessante ainda que as pessoas convocadas representem diferentes áreas da empresa, da produção ao marketing passando pelo financeiro.
- Aprenda a envolver todo mundo no processo, começando pelos mais próximos. Se um amigo disser que não agüenta mais ouvir falar nessa estratégia ou fugir quando o vir ao longe, mude de abordagem.

que é preciso lembrar, ao montar uma equipe, que mudou o paradigma. Segundo ele, na era industrial, o foco estava em cada um melhorar os seus pontos fracos. Na era do conhecimento, diferentemente, o segredo é você se concentrar em seus pontos fortes e compensar as fraquezas com os pontos fortes dos demais membros da sua equipe. É essa equipe complementar que torna o indivíduo mais produtivo. Eu assino embaixo.

Citando o mestre

Acho que eu sei o que Ram Charan diria se lhe perguntassem qual o segredo da estratégia. Ele gritaria: "AS PESSOAS SÃO FUNDAMENTAIS!". Tem toda a razão. Sem gente capacitada não há execução. Daí a importância de você ler este capítulo com o maior carinho.

Bibliografia e filmografia

Bibliografia

BLECHER, Nelson. Casas Bahia: máquina de vender. *Revista Exame*, n. 811, 18 fev. 2004.

CARROLL, Lewis. *Alice no País das Maravilhas*. Porto Alegre, L&PM, 1998.

CHARAN, Ram & BOSSIDY, Larry. *Execução*. Rio de Janeiro, Campus, 2004.

COELHO, Paulo. *O alquimista*. 158. ed. Rio de Janeiro, Rocco, 2000.

COLLINS, Jim & MOORE, David. *The Organization Makers*. New York, EUA, Appleton, Century, Crofts, 1970.

CORTELLA, Mário Sérgio. *A escola e o conhecimento*. São Paulo, Cortez, 2002.

COVEY, Stephen. *Os 7 hábitos das pessoas altamente eficazes*. São Paulo, Best Seller, 2000.

________. O oitavo hábito. *HSM Management*, n. 50, ano 9, mai./jun. 2005.

DAVIS, John; McCOLLOM, Marion; DANSBERG, Ivan; GERSICK, Kelin. *De geração para geração*. Rio de Janeiro, Campus, 1997.

DEMING, W. Edwards. *Saia da crise: as 14 lições definitivas para o controle de qualidade*. São Paulo, Futura, 2003.

GIKOVATE, Flávio. *Ensaios sobre o amor e a solidão*. São Paulo, Summus, 1998.

ISHIKAWA, Kaoru. *Controle de Qualidade Total: a maneira japonesa*. Rio de Janeiro, Campus, 1993.

JÓIA, Luiz Antônio. *Reengenharia e tecnologia da informação*. São Paulo, Thomson Pioneira, 1994.

JÚLIO, Carlos Alberto. *Reinventando você*. Rio de Janeiro, Campus, 2002.

________. *A magia dos grandes negociadores*. Rio de Janeiro, Negócio, 2003.

KAPLAN, Robert. O Balanced Scorecard por seu criador. *HSM Management Update*, n. 14, set./out. 2004.

KOTLER, Philip. *Administração de marketing*. São Paulo, Pearson Brasil, 2000.

________. *Os 10 pecados mortais do marketing*. Rio de Janeiro, Campus, 2004.

________. *Marketing de A a Z*. Rio de Janeiro, Campus, 2003.

McCARTHY, Jerome & PERREAULT JR, William. *Marketing essencial*. São Paulo, Atlas, 1997.

MERRIL, Roger & COVEY, Stephen. *First Things First*. Alaska, EUA, Fireside Books, 1996.

MINTZBERG, Henry; AHLSTRAND, Bruce; LAMPEL, Joseph. *Safári de estratégia*. Porto Alegre, Bookman, 2000.

MINTZBERG, Henry; AHLSTRAND, Bruce; LAMPEL, Joseph. Todas as partes do elefante. *HSM Management*, n. 12, ano 2, jan./fev. 1999.

MOORE, Geoffrey A. *Living on the Faultline*. New York, EUA, Harper, 2000.

MUSON, Howard. *Managing Growth: Smart Strategies for Smaller and Midsized Companies*. New York, EUA, Conference Board, 2001.

PESSOA, Fernando. A essência do comércio. In: *Obras em prosa*. Rio de Janeiro, Nova Aguilar, 1995.

PETERS, Tom. Treze respostas à queima-roupa. *HSM Management*, n. 48, ano 9, jan./fev. 2005.

PORTER, Michael. *Estratégia competitiva*. Rio de Janeiro, Campus, 2005.

________. What is strategy. *Harvard Business Review*, nov./dez. 1996.

PRAHALAD, CK & HAMEL, Gary. *Competindo pelo futuro*. Rio de Janeiro, Campus, 2005.

________ & ________The core competence of the corporation. *Harvard Business Review*, mai./jun. 1990.

REICHHELD, Frederick. *Princípios da lealdade*. Rio de Janeiro, Campus, 2001.

RIES, Al & TROUT, Jack. *Posicionamento: a batalha por sua mente*. São Paulo, Makron Books, 2001.

ROSA, Guimarães. *Grande sertão: Veredas*. 20. ed. Rio de Janeiro, Nova Fronteira, 2005.

SMITH, HYRUM. *O que mais importa*. São Paulo, Bestseller, 2001.

TROUT, Jack. *Diferenciar ou morrer*. São Paulo, Futura, 2000.

TZU, Sun. *A arte da guerra*. São Paulo, Campus, 2001.

VINIC, Richard. Todo o poder do consumidor. *HSM Management Update*, n. 14, set./out. 2004.

WELCH, Jack & WELCH Suzy. *Paixão por vencer.* Rio de Janeiro, Campus, 2005.

YALOM, Irving. *Quando Nietzsche chorou.* Rio de Janeiro, Ediouro, 2004.

Reportagens

Você recomendaria esta empresa a um amigo?. *HSM Management*, n. 42, ano 8, jan./fev. 2004.

Como transformar seu produto em mania. Estudo Arthur D. Little. *HSM Management*, n. 48, ano 9, jan./fev. 2005.

Filmes e séries de TV

Apollo 13: Do desastre ao triunfo (Apollo 13), EUA, 1995, direção de Ron Howard.

Golpe de mestre (The Sting), EUA, 1973, direção de George Roy Hill.

The Cosby Show (Idem), EUA, 1984-1992, criado por Michael Leeson, Ed Weinberger e Bill Cosby.

Outras maneiras fáceis de receber informações sobre nossos lançamentos e ficar atualizado.

- ligue grátis: **0800-265340** (2ª a 6ª feira, das 8:00 h às 18:30 h)
- preencha o cupom e envie pelos correios (o selo será pago pela editora)
- ou mande um e-mail para: **info@elsevier.com.br**

ELSEVIER

CAMPUS

Nome: __________

Escolaridade: __________ ❑ Masc ❑ Fem Nasc __/__/__

Endereço residencial: __________

Bairro: __________ Cidade: __________ Estado: __________

CEP: __________ Tel.: __________ Fax: __________

Empresa: __________

CPF/CNPJ: __________ e-mail: __________

Costuma comprar livros através de: ❑ Livrarias ❑ Feiras e eventos ❑ Mala direta ❑ Internet

Sua área de interesse é:

❑ **UNIVERSITÁRIOS**
- ❑ Administração
- ❑ Computação
- ❑ Economia
- ❑ Comunicação
- ❑ Engenharia
- ❑ Estatística
- ❑ Física
- ❑ Turismo
- ❑ Psicologia

❑ **EDUCAÇÃO/ REFERÊNCIA**
- ❑ Idiomas
- ❑ Dicionários
- ❑ Gramáticas
- ❑ Soc. e Política
- ❑ Div. Científica

❑ **PROFISSIONAL**
- ❑ Tecnologia
- ❑ Negócios

❑ **DESENVOLVIMENTO PESSOAL**
- ❑ Educação Familiar
- ❑ Finanças Pessoais
- ❑ Qualidade de Vida
- ❑ Comportamento
- ❑ Motivação

Cartão Resposta
050120048-7/2003-DR/RJ
Elsevier Editora Ltda
CORREIOS

ELSEVIER

CAMPUS

CARTÃO RESPOSTA
Não é necessário selar

O SELO SERÁ PAGO POR
Elsevier Editora Ltda

20299-999 - Rio de Janeiro - RJ